JN045314

神脈と天命につながる浄化のコトダマ

Tsuda Ayuko

【つだあゆこ】

はじめに

天命を知って
天命に沿って生きる

本書を手にとってくださって、ありがとうございます。つだあゆこです。私は「愛」と「お金」と「天運」をテーマに活動しています。天運とは「天からつながる運」という意味で、運は四方八方からもらうことができるとお伝えしています。そのほか、神社の作法をお教えしたり、ライブ鑑定なども行っています。また美女神学校を筆頭に、いくつかのスピリチュアルスクールも運営しています。

活動の中で、いちばん力を入れてお伝えしているのが**浄化**です。とにかく、「愛」も「お金」も「運」も、自分が曇っていて、心の垢にまみれていては引き寄せられません。一に浄化、二に浄化です。私の浄化方法は、そのとき思っていることを書き下ろすだけ。「書き下ろし浄化ワーク」と名付けていますが、書くだけですから、とても簡単です。本書の第1部・第2章にやり方を詳しく記載しています。

本書では、「書き下ろし浄化ワーク」を進めていただきつつ、人脈、金脈、時脈と神様とのご縁である神脈（しんみゃく）を整える方法をお伝えしています。人脈は人とのご縁、金脈はお金とのご縁。時脈は整ってくると、タイミングが合ってきて時間を何倍にも使うことができます。神脈が整うと、神様とのエネルギー循環が始まり、人生が一気に加速していきます。

脈はエネルギーの流れ。浄化をして自分自身がサラサラと流れる水のようにクリアーになると、エネルギーがよどみなく流れ始め、脈が育っていきます。

エネルギーの流れが良くなってくると、人やお金とのご縁が強くなったり、タイミングが合ってきたり、神様とご縁が結べたりします。そうしてどんどん脈を太くしてエネルギーを回していくと、あるときお役目が降ってきます。それが天命です。**お役目が降ってくれれば、自分で必ずわかります。**天命を知り、天命に沿った生き方をすると、絶対的な幸せとでもいうのでしょうか、えもいわれぬ幸福感が味わえます。

スピリチュアルな力がある人こそ浄化が大切

本書には、スピリチュアルな力が強い人向けのメッセージも随所に入れました。私は「見えないものが見える」力があり、周りにも霊的な力の強い仲間がいます。霊的な力がある人から相談を受けることもあります。その経験から、「見えないものが見える」からといって、必ずしも天命がわかるわけではないということを知りました。自分自身をクリアーにしなくては、天命にはたどり着けないのです。

霊的な力のある人は、世間一般でいう「勘の良い」人たち。お役目を感じることもあります。ただし勘だけに頼っていては、心の垢はいつまでも取れません。せっかくお役目が降ってきても、心の垢が邪魔をして、そのお役目を果たすことができない人がいます。浄化してクリアーになることで、お役目がすっと入ってくるのです。「勘の良い」人たちはせっかちで、ショートカットしたがりますが、**浄化にショートカットはありません。**霊的な力が強い人こそ、しっかりと本書の「書き下ろし浄化ワーク」を行い、浄化を進めて脈の整え方を知っていただきたい。せっかくのお役目です。

順序立てて道をたどり、あなたにしかできないお役目を果たしてください。

そしてもちろん、すべての方に、本書を通じてぜひ天命を知り、素晴らしい幸福感を味わってほしい。それが私の願いです。

天運コンサルタント　つだあゆこ

神脈と天命につながる浄化のコトダマ＊もくじ

第2章 浄化の構造と書き下ろし浄化ワーク

第3章 私の「見えないものが見える」力の話

第2部　浄化して4つの脈を整え育てる

第1章　人脈　エネルギーの流れを太くし、人と深く強い関係を築く

第3章 時脈 タイミングが合い、行動が早くなり、結果が出やすくなる

カバーデザイン　吉原遠藤（デザイン軒）
校正　麦秋アートセンター
出版プロデュース
天才工場　吉田浩
編集　福元美月
ライティング　富澤文
協力　市川恭子
本文仮名書体　文麗仮名（キャップス）

第1部

浄化の意味と方法について

第1章 天命と浄化

この世はエネルギーに溢れている

私たちには、生まれながらにして天命があります。しかし、ただ漠然と生きているだけでは、天命を知ることはできません。多くの人が生まれてきた意味をつかめず、虚しさを感じています。そのためスピリチュアルに興味がある方はもちろん、日頃スピリチュアル的なものに懐疑的な方ですら、「自分の生まれてきた目的が知りたい」「私には何かお役目があるのか」と疑問を抱いています。

私自身は浄化を進めた結果、人脈、金脈、時脈、神様とのご縁である神脈と、多方面の脈を整えることができました。そして、脈が通じることで自分自身が整い、天命に行き着いたのです。人脈や金脈はともかく、時脈や神脈とは聞き慣れない言葉でしょう。時脈や神脈は、私が考えた概念です。

脈と私は呼んでいますが、**脈とはエネルギーの流れのこと**です。

私は常日頃、自分をクリアーにする＝「浄化」の重要性をお伝えしています。浄化されれば、おのずと天命を知ることになるからです。なぜ浄化をすれば天命を知ることができるのか、本書で順を追ってお伝えしていきますが、とにかく天命を知るには自分自身を浄化していくことがもっとも近道であると、確信しています。

みなさんにも天命に至る道を知っていただき、「虚しさ」「生きづらさ」「本当の自分ではない感じ」の生き方を卒業してください。天命に沿って自分らしい生き方をする。それをサポートするのが私のお役目です。

この世界には、大きなエネルギーが流れています。私の目には、すべてがエネルギーとなって見えます。空を見上げれば、スピリチュアルなエネルギーが雲や太陽の光となって、私に宇宙の状態を教えてくれます。地面や植物、花を通じて、地球のエネルギーを感じることもあります。さらに人を含めた地球上にあるすべての事物にエネルギーがあります。私たちはエネルギーを交換し合い、エネルギーの流れを大きくしたり、小さくしたりしながら、リズムを作っていくのです。そして、そのエネルギーが自分の周囲でよどみなく流れるためには、自分自身がサラサラと流れる水のようにクリアーになる必要があるわけです。

エネルギーの流れとエネルギーで作り出すリズムを、私は〝脈〟と表現しています。人との関係のエネルギーがうまく流れ出すと、人脈が太くなっていきます。お金のエネルギーをうまく回していけるようになると、金脈が育っていきます。

「心の垢」が私たちを曇らせる

私たちの発するエネルギーがクリアーであればあるほど、澱（よど）みなく大きくエネルギーが流れるようになります。私たちのエネルギーの源は、私たちの思考です。「引き寄せの法則」は、みなさん既にご存じでしょう。自分の思ったことが叶う、形になるという法則です。「引き寄せの法則」が教えてくれる通り、**思考は強力なエネルギー**。あなたの発する思考が、あなたの現実を作ります。あなたは、自分の思考がクリアーだと感じますか？　いつも純粋な気持ちでいますか？　自分の考えに曇りがない、と言い切れる人は少ないでしょう。人は、なんらかの心の曇り、ブロックを抱えています。私はこれを「心の垢」と呼んでいます。垢が心にこびりついている限り、私たちの発するエネルギーはなかなかクリアーになりません。残念ながら、心の垢がない人に、私は会ったことがありません。すべての人に、多かれ少なかれ、心の垢は存在します。

書き下ろし浄化ワークで心の垢を落とす

あなたがクリアーになれば、本書の4つの脈を育てることができるようになります。まずは、第1部・第2章の書き下ろし浄化ワークを行って、心の垢を落としていきましょう。私の浄化方法は、そのとき思っていることを書き下ろすだけ。書くだけですから、とても簡単です。紙とペンさえあれば、どこでもワークを行うことができます。

ただし、書き下ろし浄化ワークは、簡単ではありますが、実際に始めてみると、「なかなか書き出すことができない」「自分の書いたことがネガティブで嫌な気持ちになる」など、スムーズに書き進められないタイミングがきます。**紙に書かれた言葉は、あなた自身です。**スムーズに書けない気持ちになるのは、書くことで、否が応でも自分と向き合うことになるからです。自分と向き合うのは、辛いこと。できればフタをしたまま一生を終わりたかったと思うことも出てきます。けれども垢を抱えたままでは、自分のエネルギーをクリアーにすることはできません。自分と向き合うという面倒なことはしたくないけれど、ラッキーなことだけは降ってきてほしい、という都合のいい話は通用しません。心を決めて、自分と真摯に向かい合ってください。

浄化し、エネルギーのリズムを作る

浄化が進んで心の垢が落ちてくると、どういうことが起きるでしょうか。浄化されてくるということは、**あなたの出すエネルギーの純度が上がる**ということです。発するエネルギーの純度が上がれば、返ってくるエネルギーも大きくなります。すぐにエネルギーの流れが良くなったと感じるのは、金脈。お金はエネルギーですから、あなたの出すエネルギーにダイレクトに反応してくれます。人に対しても曇りのないエネルギーを出していけるようになると、人脈が太くなります。対人関係は、相手がもつエネルギーと自分の発するエネルギーのかけ合わせになりますから、自分がクリアーになったからといって、対人の問題がなくなることはありません。けれども、あなたがクリアーになって、相手との関係のリズムに乗れたときは、数倍もの深い経験ができるのです。

人やお金のエネルギー循環が順調になってくると、時脈が整ってきます。時脈は、第2部・第3章で詳しく説明しますが、宇宙のリズムに乗れているサイン。あなたというエネルギーが、宇宙のエネルギーの流れと同調できている状態になります。あなたとリズムに乗るには、あなたの行動が必要です。思考がクリアーになっても、行動を起こさなくては、エネルギーを活かすことはできません。頭の中でいくら大きく、純粋なことを考えていたとしても、行動しなくてはそのエネルギーを宇宙に還元することができないのです。「行動すること」は、肉体を持ってこの世界に生まれた私たちにしかできません。**考える＝エネルギーを出す、行動する＝リズムを作る。**これを繰り返しながら、私たちは人生を創造していきます。

自分の魂と出会い、天命を知る

浄化が進み、宇宙のリズムに乗れるようになると、自然と利他の気持ちが生まれてきます。浄化をするということは、自分と向かい合って自分を知るということ。自分の器がわかり、さらにそこから自分の欲の大きさがわかります。自分を知っていくと、私利私欲も大切に思えるようになります。すると、同じように他人の欲も大切に思えてくるのです。利他の気持ちが芽生えると、神様との脈、神脈も通じていきます。

そうしてあなたのエネルギーがダイナミックなリズムを刻むようになると、浄化がより進みます。さらに自分を知って知って、知り切っていくと、あなたは自分の魂と出会うことができます。

私は、人生はアートだと思っています。人はそれぞれ、自分にしかできないリズムを作り、人生というアートを完成させるのです。魂に出会うことができれば、あなたにしか作ることのできないエネルギーのリズムがわかります。これが天命です。魂に出会い、天命を知る。天命に沿って行動し、あなたのリズムを作り出すことが、この世に生まれてきた意味です。天命を知り、天命に向かって生きていくと、何ものにも代えがたい幸せを感じます。本物の多幸感を味わうことができるのです。

魂は不滅の存在です。けれども、魂はこの世界で行動することができません。エネルギーのリズムを作ることができないのです。一方、私たちの肉体は動き、リズムを作り出すことができますが、有限です。私が多くの方に口を酸っぱくして浄化をお伝えしているのは、**私たちの肉体が有限だから**です。自分と向かい合うことを先送りしていると、いつの間にか死を迎えてしまいます。肉体が滅びれば、今世の天命を全うすることができません。天命が果たせなければ、いつまでも宿題を持ち越したままで生まれ変わりを繰り返すだけです。

浄化し、浄化し、浄化して自分の魂と出会い、天命を知り、天命に向かって行動をする。ぜひ、あなたが生まれてきた意味を見つけてください。そして、天命に沿った生き方がもたらす、絶対的な幸せを味わってください。一人でも多くの方が天命を知り、この幸せを知ることが、私の天命です。

第2章

浄化の構造と書き下ろし浄化ワーク

脈を育てるには浄化が必要

早速、私がおすすめする浄化の方法について、お伝えしていきましょう。それが脈を整え、太くするわけですが、脈は心持ちだけでは育ちません。まずは、心に溜まった垢を洗い流さないと、良いエネルギー循環は生まれないのです。**脈は血管、流れるエネルギーは血液**のようなものです。サラサラの血液のような良い巡りにするには、自分の持つエネルギーをクリアーにする必要があります。

それでは私たちのエネルギーは、何が原因でドロドロしているのでしょうか。体調不良？　鬱屈した気持ち？　周囲の心無い対応？　どれもエネルギーを滞(とどこお)らせる原因ですが、根本の原因は、みなさんの思念にこびりついた垢にあります。

思念の垢を落とすために私が開発したのが、「書き下ろし浄化ワーク」。このワークを行って、思念をクリアーにして脈を育てていきましょう。

私の浄化は、ただのクリアリングではありません。言葉を使って自分の心に動きを起こしていく、能動的な浄化方法です。

　言葉は、必ずあなたの心に波を起こし、感情に動きを作ります。自分を掘り下げて、深いところから出てきた言葉であればあるほど、強い動きを生み出します。感情の循環を強めて、心の垢を揺さぶり浄化を起こすのです。

魂・思念・肉体

　少し難しい話になりますが、人間を構成する3つの要素について説明いたします。私たちは、**魂・思念・肉体**の3つから成り立っています（28ページの図）。

　魂には、過去世の記憶と記録が詰まっています。思念は、環境と教育と経験から作られていて、今と過去をつなぐフィルターの役割をしています。そして肉体は、時を動かすタイムマシーンのパーツです（29ページの図）。

　肉体は死を境界線にして滅びますが、魂はそのまま、次の肉体に宿っていきます。魂には、いく度も生まれ変わって経験したことが、そのときの深い感情とともに刻ま

人間を構成する３つの要素

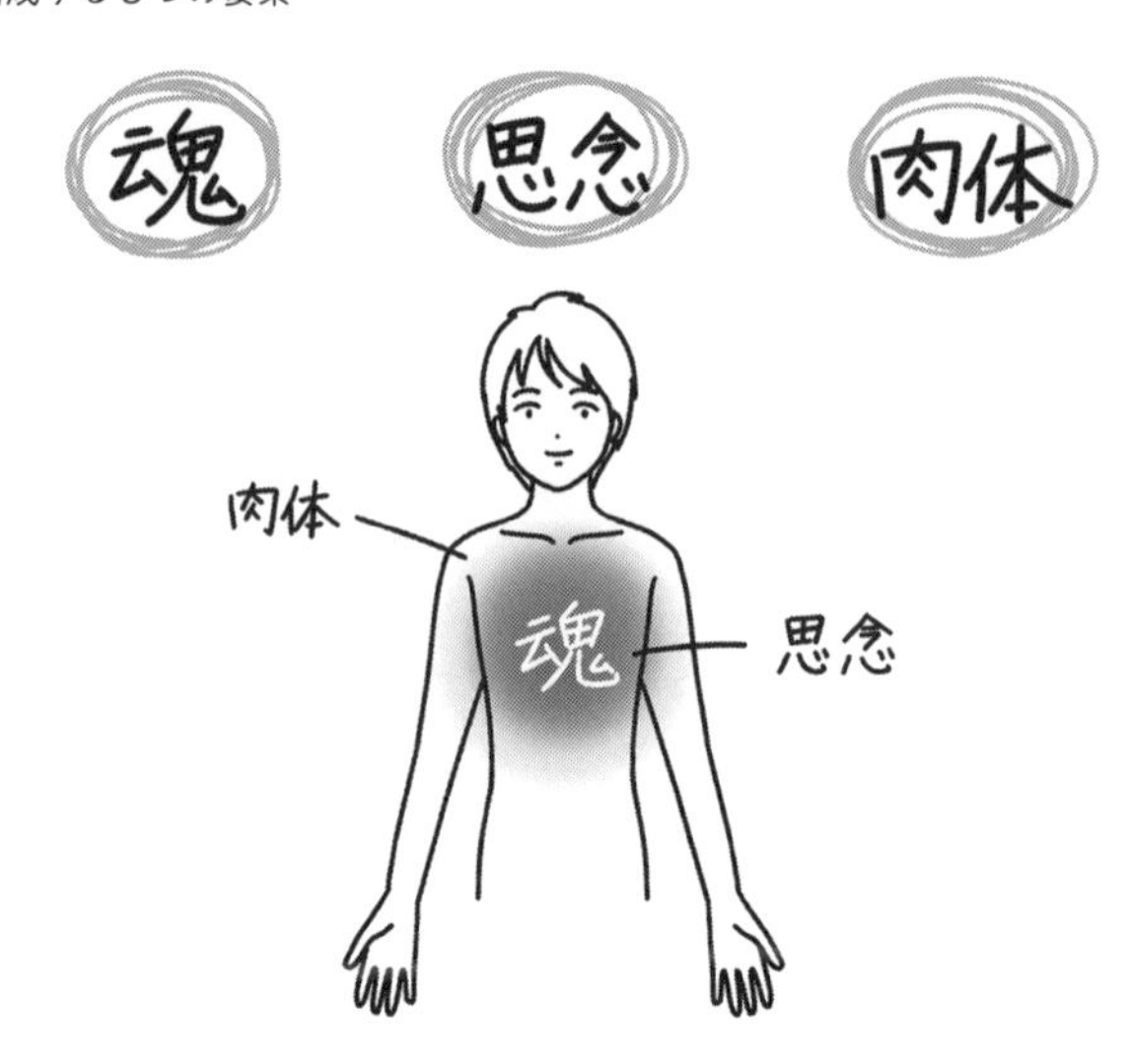

れていくのです。

魂と肉体の間に、思念があります。生まれてきたときは、思念がなく、魂と肉体しかありません。思念は、両親や周囲の態度や言葉、体験することなどの今世での経験から作られていきます。思念には、成長するにつれて垢がどんどんと溜まっていきます。この**こびりついた垢**が曲者。ブロックとなってエネルギーの流れに滞りをもたらします。

そこで、こびりついた垢を揺さぶり、消化して思念に隙間を作り、風通しを良くする必要があります。イメージと

魂・思念・肉体の役割

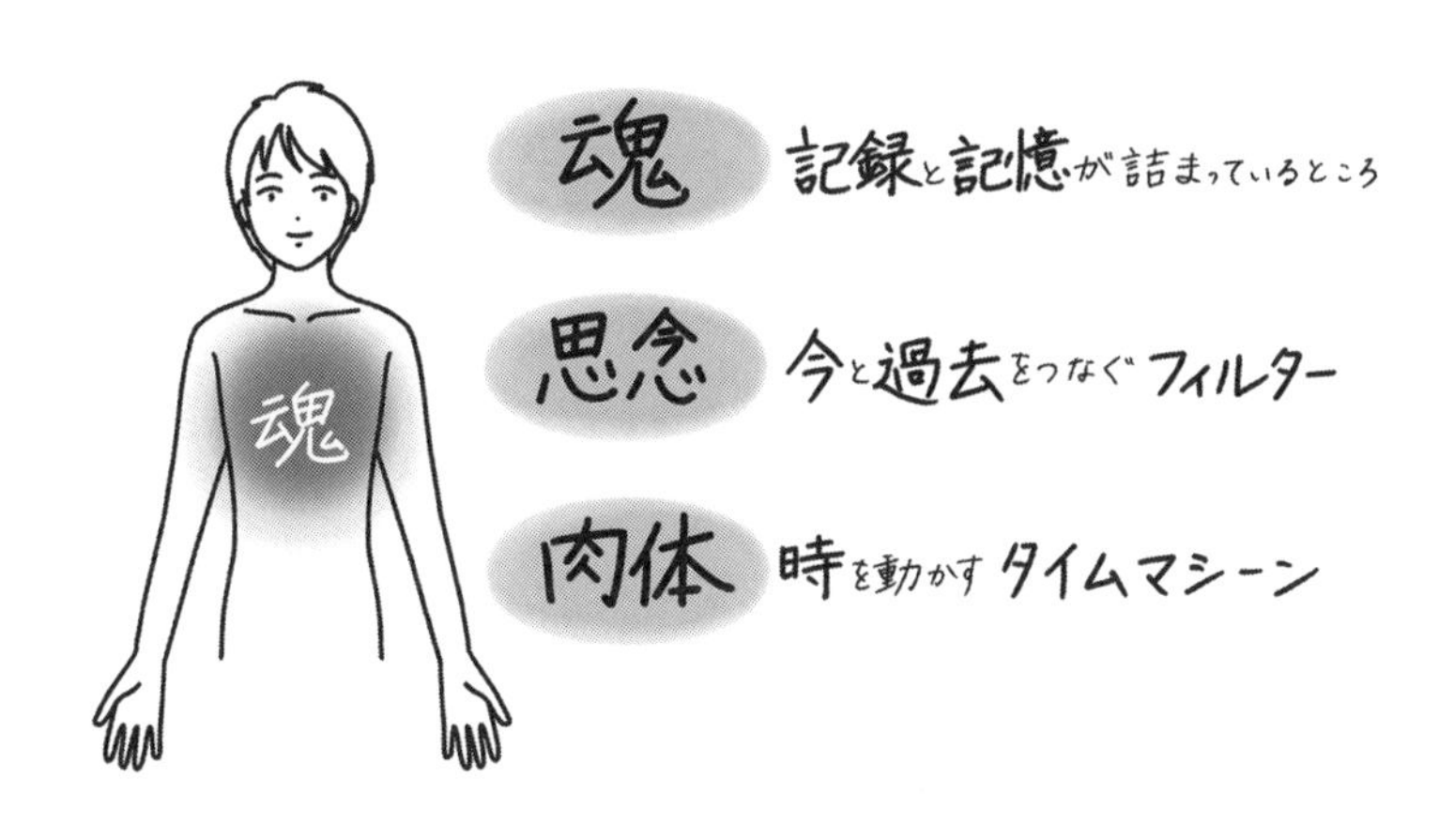

しては、部屋をスッキリと片付けて、爽やかな風を入れた広々とした部屋。ただし、部屋が空っぽになれば終わり、ではありません。常に爽やかな風が入り込んで、空気が循環していることが大切です。

心の垢が蓄積されて嫉妬、不安、執着に成長する

一度もネガティブなことを言われず、称賛されて育てば、心の垢はないかもしれません。けれどもそのような人に出会ったことがありません。誰でも親や、友だちや恋人の言葉が心の傷となって、憎しみや悲しみ、悔しさなどの

「心の垢」の正体

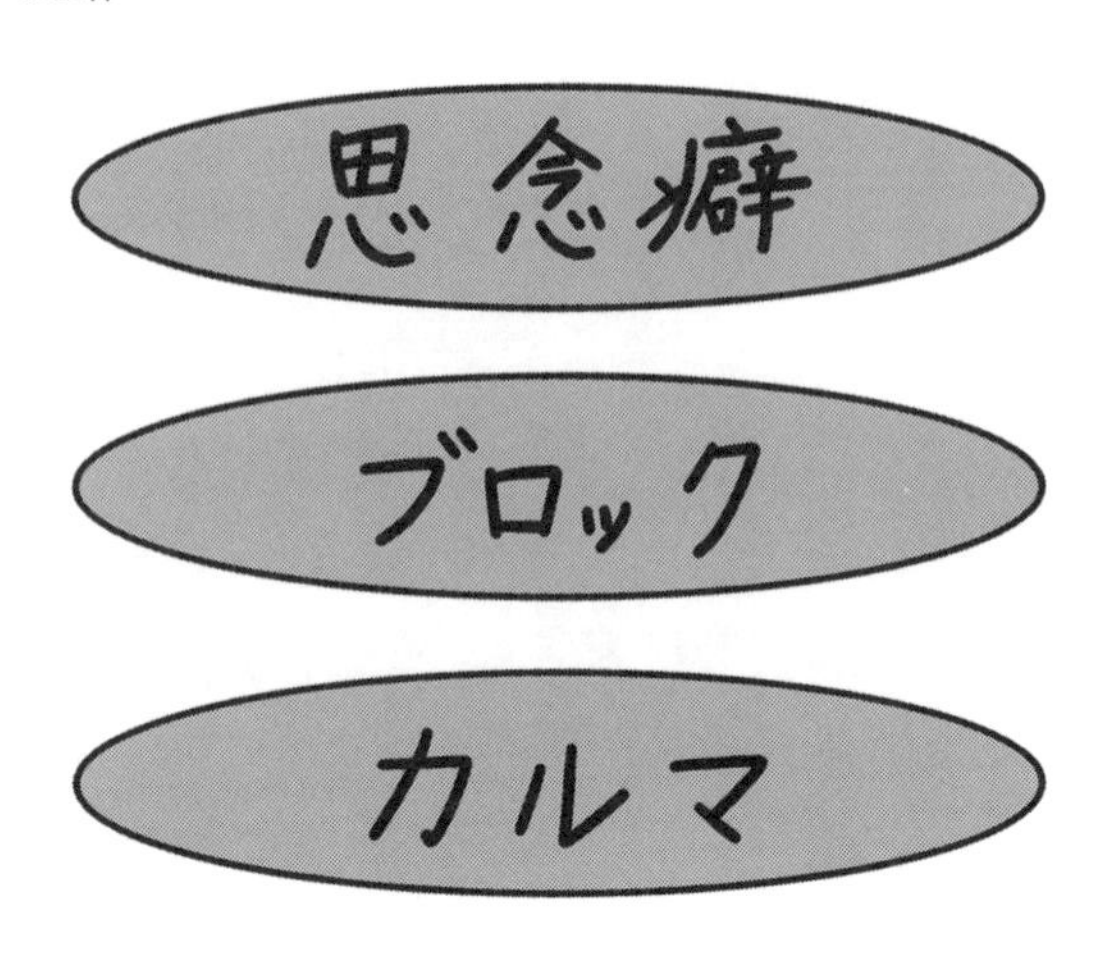

「辛さ」を感じているものなのです。

これらのマイナスの気持ちは、心にしつこく在り続けます。悲しみや怒りを感じると、その状況や原因について考え続けてしまいます。こうしたマイナスの気持ちが蓄積されて、「嫉妬」「不安」「執着」に成長していきます。私はこの3つを、「思念癖」と位置づけています。

あなたの人生がうまくいかない原因である「心の垢」は、この思念癖以外にも、「ブロック」があり、さらに複雑なことに過去世の「カルマ」も関係しています（上図）。

私たちは、何度も何度も生まれ変わって様々な人生を生きてきました。

普通は、過去世の記憶はありません。しかし魂に刻まれた過去世の感覚は、私たちに大きな影響を及ぼします。過去世で貴族に生まれ、華々しく派手な人生を送っていた人が、現世で一般の家庭に生まれてきたら、魂の感覚と現在のギャップが大きいですよね。そのギャップが心の傷となります。


私の鑑定の印象では、7割強の人が**嫉妬、不安、執着**の気持ちを抱えています。

32ページの図を見てください。

「嫉妬」は、誰かと自分を比べ、悲しみや怒りが生まれることによって発生する感情です。嫉妬しているという自覚がなく、怒りを抱えている人もいます。自分を見つめると、必ず怒りや悲しみの底に、人との比較があったことに気づきます。

上司にいつも不満がある、いつも上司に怒りを覚えるという場合は「あの人に比べたら私のほうが仕事ができるのに、あの人のほうが出世している」という比較が、怒りの根底に潜んでいるのかもしれません。


「不安」は疑いです。誰かや何かを疑い、そこから取り越し苦労が始まり、不安が募

思念癖の原因

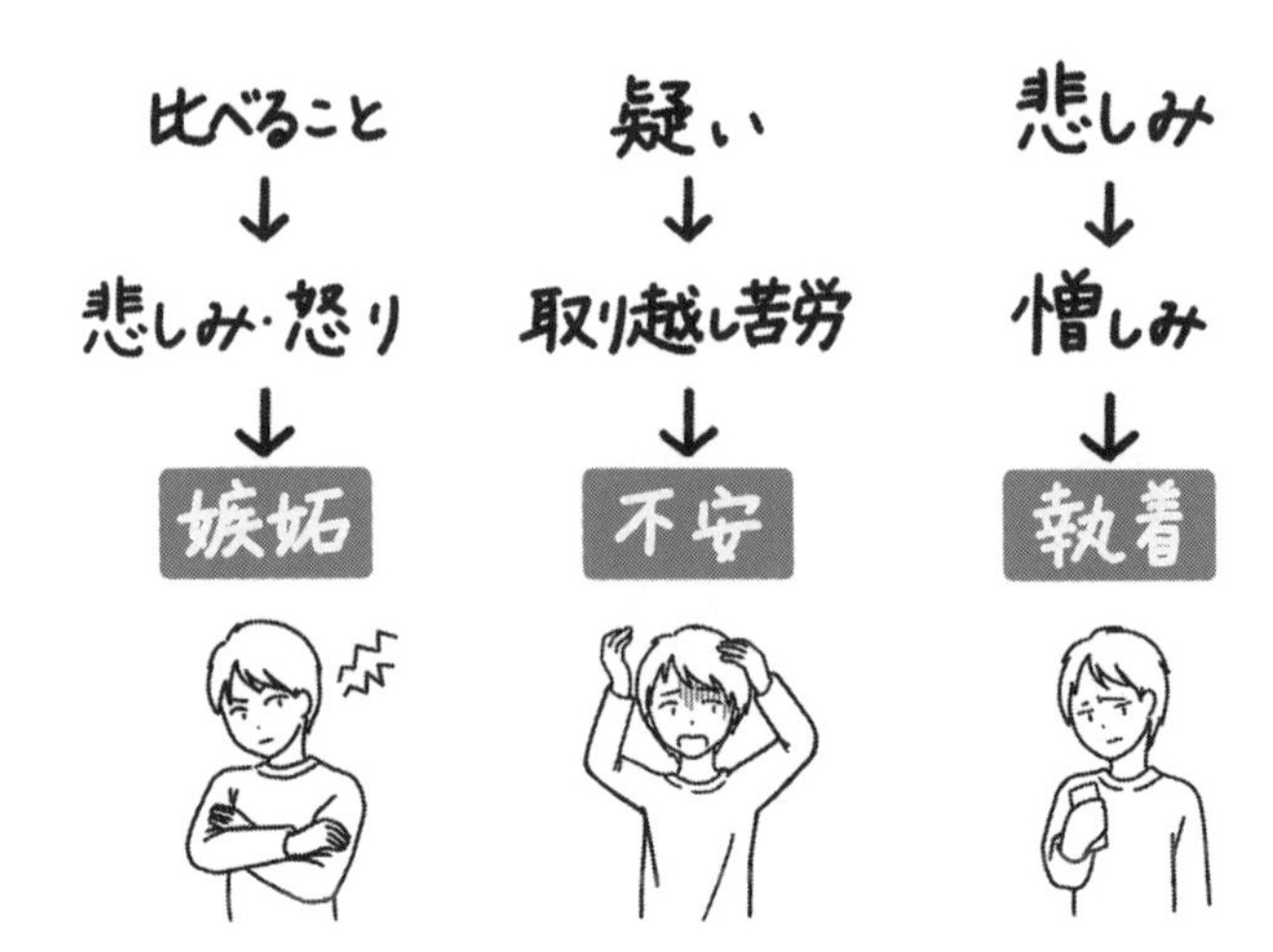

っていきます。ほとんどの人が不安を抱えている「不安型」です。

「執着」は、悲しみから始まります。悲しみは、わかってもらえない寂しさや手に入れられたはずのものがないという喪失感があって不安な状態ですね。その寂しさや喪失感を誰かのせいにして憎しみを抱えていきます。憎しみに固執すると、「執着」になります。

実は「嫉妬」と「不安」が混じり合い、「執着」に育っていくのです。「執着」の裏側には、不安や他人と比較する心、寂しさ、憎しみなどのいろいろな感情が隠れています。隠れた感情を1つずつ見つけ、解きほぐす必要があります。

言葉の力で浄化をする「書き下ろし浄化ワーク」

私たちが今まで受け取ってきた言葉は、呪文の効力を持っています。言葉は、私たちの波動に直接影響します。私たちの波動は、言葉によって変わります。

確かに良い言葉を使えば良い波動になります。けれども、心の垢を溜めた状態では、せっかく作り出した良い波動を受け取ることができません。今まで受け取ってきた言葉の呪文を、いったん浄化して思念体の風通しを良くする必要があるのです。

浄化にはさまざまな方法がありますが、私に降りてきたのは、書いて「心の垢」を浄化するという方法でした。これが「書き下ろし浄化ワーク」です。とてもシンプルなワークですが、大切なのは書き出すという行為です。

書き出すことで言葉を見える化し、自分でも気づかない思念のクセやブロックをあぶり出していきます。頭の中で考えているだけでは、**自分の考えのクセに気づきませ**

ん。
「辛いことばかりが自分の身に起きる」と思っていると、「辛い」気持ちにフォーカスして、いつまでも「私ばかりが辛い」と考え続けてしまいます。
「ママ友の○○さんが意地悪で、ママ友と集まるのが嫌なのに行かないといけない」「夫が非協力的で、家のことは私一人がやっている」「子どもの成績が悪く、学校の先生に呼び出されて恥をかいた」「お金がないのに、洗濯機が壊れて買わないといけない」……。

辛いことを一つひとつ書き出していくと、気づきがあります。○○さんはぶっきらぼうなだけかもしれません。夫の得意な作業を考えて家事を割り振れば、夫も協力的になるでしょう。子どもの成績が悪いのは、勉強法が合わないからかもしれません。「辛い」ことにこだわっているのは、「私ばかりが辛い」という被害者の立場にいたいからです。書いていくことで、自分の思い込みやブロックが姿を現すのです。

私は、「美女神学校」というスクールを主宰しています。美女神学校に入ると、生徒さんたちは必ず書き下ろし浄化ワークをしなくてはなりません。浄化ワークを毎日

書き下ろし浄化ワークの効果

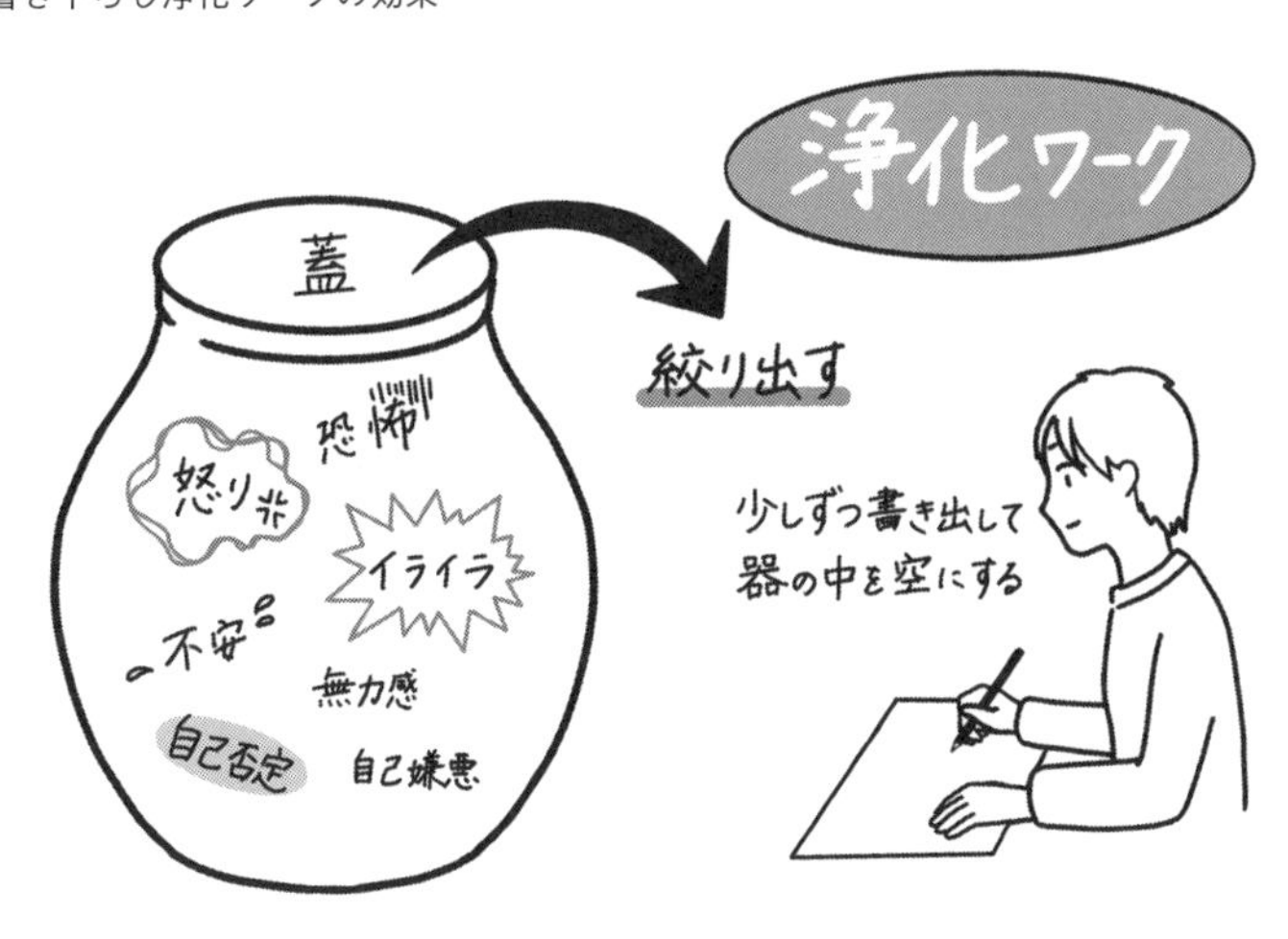

行うように、私は強めに発破をかけていきます。怒りや不安を書き出すことで、心の器を空にしていくのです。

浄化ワークの経験者の変化を見て、生徒さんたちは一所懸命に浄化ワークをしてくれます（しぶしぶ書き出す人もいますが）。そしてみなさん、確実に変わっていきます。急激に変わる人もいます。

穏やかに変化して、気づいたら夫婦関係が良くなっていたとか、収入が増えたわけでもないのにお金に困らなくなったという人もいます。

日記をつけているなど書くことが苦にならないタイプもいますし、全く書けずに最初は「イライラする」「嫌だ」「疲れた」など、単語だけを書く人もいます。内容や形式にこだわらず、書き続けることが大切です。

一度の書き出しで気持ちがスッキリする人もいますが、大半の人は何度か書いていくうちに、コツがわかって書きやすくなります。書けない、という人には、「書けない」「書きたくない」「書くことがない」という、その気持ちを書いてもらいます。言葉を書くのが難しい場合、数字や○、△などの形でもかまいません。

まずは何かを書き出すこと、そして続けることで変化が訪れます。

見つめて、気づいて、受け止める

書いていくといつの間にか、強くこだわっていることを、常に書き出すことに気づきます。あ、**またこのことについて書いている**、と思うでしょう。気にせず、そのまま書きたいことを書いてください。

忘れたと思っていたパートナーの浮気、そのときの傷ついた気持ち、幼少期の父親の横暴な態度が怖くて怯えていたなど、書きたいだけ書いてください。書いて見える化をしても、なかなか消化できない澱(よど)みもあります。しつこい澱みも、心配はいりません。

一定の量を書いてその分量を見ると、脳が「もうこのテーマはいいから、前に進みたい」と言ってくれます。澱みの深さによっては、「このテーマはもういいや」と脳が言うまでに何カ月もかかる場合もありますが、続けていれば必ず「もういい。前に進もう」という瞬間がきます。

いつまでもパートナーの浮気にこだわるのは、きちんと謝ってもらっていないから。相手の気持ちが見えないのが、自分にとって辛い。

また浮気の話を持ち出して相手に嫌がられるのも辛いけれど、気持ちが見えないほうが辛い、という言葉が出てくるかもしれません。辛さの芯が見えてきます。もしくは、あの人の浮気グセは話し合っても治らない、ぐずぐず考えてもしようがないから、私は私で面白いことを見つけよう、と思えるかもしれません。浮気されたのは私が悪いところがあるから、と自分を責める気持ちが出てくることもあります。

続ければ、より俯瞰(ふかん)して辛いことを捉えられるようになります。確実に一歩一歩進んでいます。見つめていくと、**気づきが出てくる**のです。

さらに書き進めると、どうして浮気されたときすぐに、浮気されて傷ついたと伝えられなかったのか、その場で自分の気持ちを整理できなかったのかと考えるかもしれません。

パートナーに対してだけでなくほかの人に対しても、自分の気持ちを伝えるのに考えすぎてしまうことに気づいていきます。今まで見えなかった自分の思考のパターンが、わかってくるのです。その思考パターンを掘っていくと、どこかで「これが元のネタだ」という出来事を思い出します。

幼少期に自分の気持ちについて話して、母親に否定的なことを言われたのかもしれません。気持ちを全部話したら、友だちが離れていったからかもしれません。

元ネタがわかれば、どこかでその思考パターンを受け止める瞬間がきます。だからいつも気持ちに蓋をしていたんだ、と腑に落ちるのです。

それと同時に、過去の出来事を別の視点で見ることができるようになります。「お母さんに否定されたと思っていたけれど、お母さんはあの時期、体の調子が悪かった。

思念の浄化が進むと…

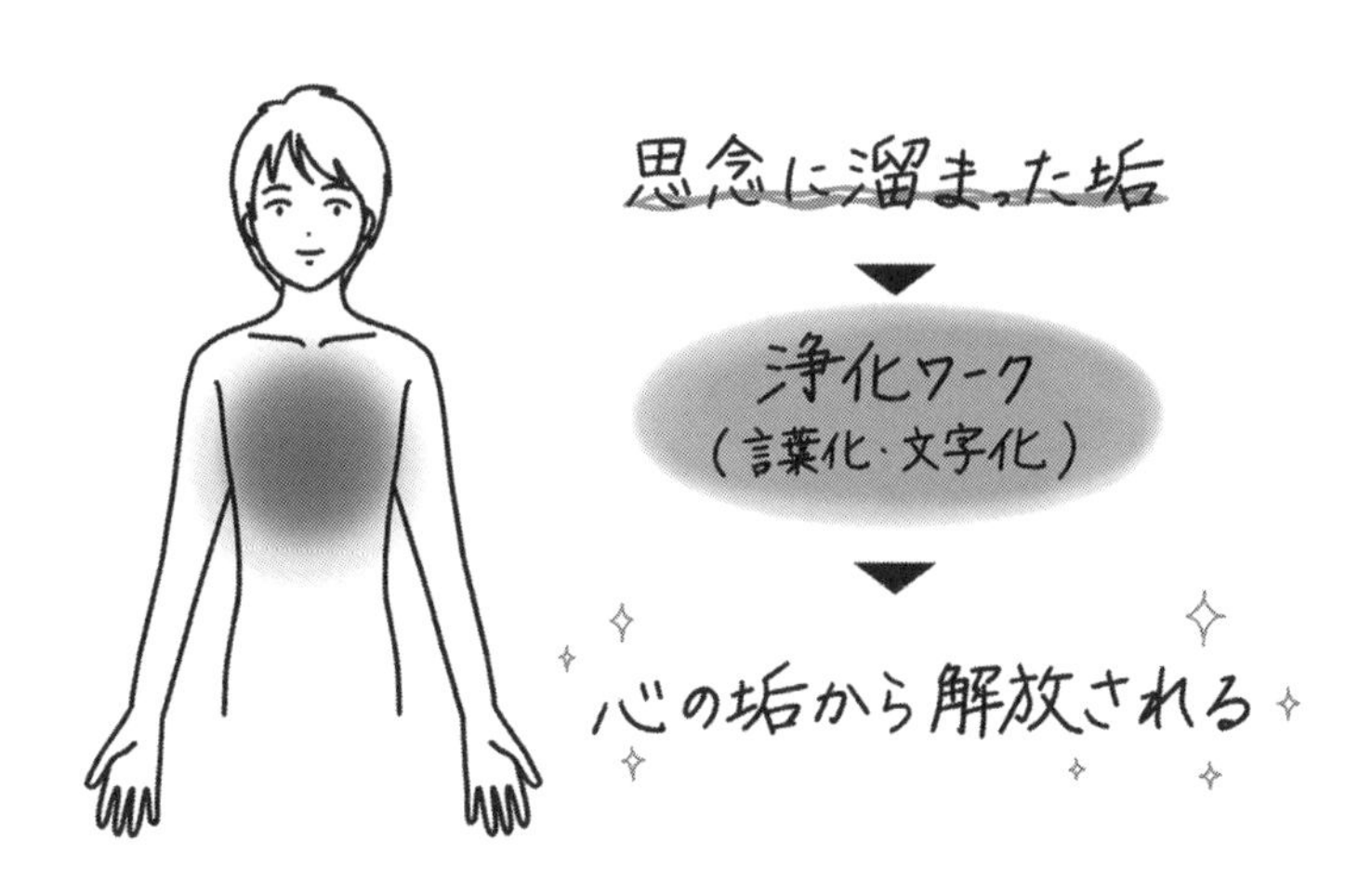

疲れているときに話しかけたから、お母さんもイラッとしていたんだな」とか「お母さんはオープンな態度は行儀が悪いと否定的に思っていたんだね」など、母親の立場に立って考えられるようになるのです。

元ネタは、誰かのものさしで自分を測っていただけのこともあります。「お母さんは行儀が悪いと思うかもしれないけれど、私は私。これからは素直に気持ちを伝えるようになればいいんだ」と思えるようになるでしょう。

見つめて気づいて、受け止めることを繰り返すうちに、**昔の自分の長所**も見えてきます。元ネタと一緒に蓋をして、ブロックを重ねていたものが、現れてくるのです。本当は明るくて素直で、親戚に「素直でいい子だ」と言われたことを思い出すかもしれません。あなたの魂の明るくて素直な部分を取り戻せば、よりエネルギーが大きく伝わりやすくなります。エネルギーの巡りが良くなれば浄化がさらに進む、という良い循環が生まれてきます。

過去世も浄化されていく

書いていくと、自分の経験の中に元ネタがない「思念のクセ」が見つかります。それは、魂に深く刻まれた過去世の記憶です。

この思念のクセも、書き出して浄化していきましょう。深く強く刻まれている記憶は、過去世のカルマとなって私たちの行動を制限します。このカルマも、書き出して思念のクセを見つめていけば、あるとき脳が「このこだわりはもういいや」と思ってくれます。自然と外れていくのです。

書き出すことで最初に効果が出てくるのが、金運と健康運。エネルギーの巡りが良くなると、お金の循環がすぐに良くなります。お金はエネルギーですから、あなたのエネルギー循環の強弱に純粋に反応します。また無理をしなくなり、素直に自分の体の声に耳を傾けるようになるので、体も丈夫になります。

「書き下ろし浄化ワーク」のやり方

用意するもの：紙とペン
手順
① 気になっていることを書く
② 紙一面に書くことを目指す
③ 紙をなるべく細かく破いて、捨てる

それでは具体的に「書き下ろし浄化ワーク」の方法を説明します。

用意していただくのは「紙」と「ペン」。紙は大きくても小さくても、メモ帳でもノートでも手元にある紙でかまいません。できれば２２５ページの私が写っている浄化シートを使うと、浄化のスピードが早まります。ペンも、万年筆でもボールペンでも鉛筆でもかまいません。書きやすいものでOK。色の指定はありませんから、好きな色をその日の気分で決めてください。

時間も、朝でも、夜眠る前でも、仕事の空き時間でもいつでもOKです。気持ちがざわついているときは、深く深呼吸をして、落ち着いた状態で始めてください。

今感じる正直な気持ちや感情を、紙に書き出します。美女神学校では「この1週間で嫌だったこと」「この1カ月の間で嫌だったこと」「自分の嫌いなところ」というテーマを出していますが、それにこだわらなくても大丈夫です。気になること、普段から抱えていた不満、誰かへの愚痴、嫌な目にあったこと、お金や人間関係の不安などを書いていってください。

1枚書けない場合、途中まででもかまいません。ですが、できるだけたくさんの量を書いてください。2枚でも3枚でも、量が多ければ多いほど効果は高まります。

このワークは書いて終わりです。書き終わったら、紙をビリビリと破いて、普通のゴミとして捨ててください。取っておいてあとから見返すことはしないでください。

最初の頃は、自分の書いたことを読み返すと、自分の考えていることが嫌になって書き続ける気持ちがなくなることもあります。とにかく**書いたら破って捨てる**、を繰り返してください。

きちんとした文章を書こうとしなくてＯＫです。誰も読まないのですから（自分でも読まないものですよね）。美しい文字を書く必要もありません。単語だけでもかまいません。意味の通らない文章で大丈夫です。手を止めずに、どんどん書き続けてください。

とにかく文字をたくさん書く

私が写っている浄化シートを２２５ページにのせました。これは、私が霊的な能力を用いた仕事として電話鑑定を始めた頃の写真です。経済的な困難と、長時間の電話鑑定が続き、苦しい時期でしたが、これが天職と意識をした時期でもあります。

いろいろ試してみて、このときの私が、一番負のエネルギーを吸い込むパワーを持っていることがわかりました。このシートに書くと浄化効果が高まります。人の顔の上に書くことには慣れていないと思いますが、このシートを使ったほうが、効果が高くなります。コピーしてお使いください。

顔の上にびっしりと自分の気持ちを書いていきましょう。ネガティブな言葉でもOKです。文字にすると、そのときの感情が可視化できます。また文字で埋まった紙を見ることで、その感情の量もわかるのです。

〈浄化ワークのコツ〉

●少なくとも3カ月は続けよう

実際に書き下ろして1回で変化を起こす人もいますが、なかなか変化が訪れない人もいます。できれば3カ月は続けてください。私の生徒さんも、だいたい3カ月くらいから変わっていきます。

ブロックが強い場合、時間がかかります。書く時間がないときは、3分だけでも、1行でも2行でもかまいません。書き続ければ、必ず変化が訪れます。

●休んでもOK

できれば毎日書くことを習慣にしていただきたいのですが、私たちは人間ですから、忙しくて時間がない日もあれば、書きたくないなと思う日もあります。そういうときは、書くのを止めようと思わずに**書くのを休もう**、と思ってください。しばらく休むと、また書こうという気持ちがわいてきます。

また書き続けると、書くことがなくなる日がきます。そういうときは休んでもいいですし、日記のように今日あったことを書くだけでもＯＫです。書こうという気持ちを持ち続けてください。

◉何を書いてもＯＫ

自分の気持ちを表すことができないブロックがあると、書くことが思いつかないものです。いつも自分を後回しにしてきた人は、特に書きにくいでしょう。「この１週間で嫌だったこと」「この１カ月の間で嫌だったこと」「自分の嫌いなところ」をテーマに考えてみてください。

ですが、このテーマで書くことが思い浮かばなかったり、ほかに書きたいことがあればそれから書き出してください。書きたいことがない場合「自分の気持ちがわからない」「自分の気持ちを書けない」「書くことがない」と、そのとき感じたことを書きましょう。そのうちに、気持ちを紙に表現することができるようになります。

◉悪口を書いてもOK

人の悪口、自分の嫌な気持ちをどんどん書き出してください。

悪口は、相手に届けようとすると相手を傷つけることになります。このワークは、自分の気持ちを整理するために書くだけ。

ここに書く言葉は、誰にも届かない言葉、誰も傷つけない言葉です。汚い言葉や悪口を抑えると、かえっていつまでも気持ちの底に澱みが残ってしまいます。どんどん吐き出して、気持ちの整理をしていきましょう。

◉同じ出来事、同じ人について書いてもOK

気がつくと同じ出来事、同じ人について書いている場合もあります。それだけその出来事やその人から投げかけられた言葉が、あなたに大きな傷を与えているのです。違うテーマを書こう、と無理に思わずに、気が済むまで同じことを書きましょう。

その出来事や人から受けた傷が消化できたときに、自然と「もうこのテーマについてこれ以上書かなくてもいいいな」と思えてきます。

●スッキリしなくてもOK

書き終わってもスッキリしない、という声をよく聞きます。効果が出ていないように感じるかもしれませんが、スッキリしないという現象も浄化のサインです。浄化の途中なのです。スッキリすることを目指さずに、浮かんだ言葉を書き続けてください。実は、スッキリしないのはそのテーマについて書き終わっていないから。書き続けていくうちに、脳が「もういいや」と言ってくれます。そのときが本当の書き終わりになります。

●泣いてもOK

ワーク中に、辛いことや傷ついた気持ちを思い出して泣くこともあります。理由はないけれど、自然と涙がこぼれてくることもあります。**涙は浄化の助け**となります。どんどん泣きましょう。涙はあなたの負の感情を浄化してくれます。

●自分を嫌になっても気にしない

人の悪口ばかり書いていると、そんな自分が嫌になるかもしれません。自己嫌悪が出てくるのも、浄化が進んでいるサイン。「人の悪口ばかり」考えている自分を、俯瞰して見ている証拠です。その気持ちを出し切るまで、がんばって書き続けましょう。
出し切れば、自己嫌悪がなくなります。

第3章

私の「見えないものが見える」力の話

霊的な力を知りながら、向き合うことを拒んでいた

ここで、私がスピリチュアルな仕事をするようになった経緯についてお話しさせてください。4つの脈について早く知りたい方は、本章は読み飛ばしていただいてもかまいません。

人は誰でも、多かれ少なかれ、スピリチュアルな力を持っています。私は、特に強いスピリチュアルな力を持って生まれました。ただ、「見えないものが見える」からといって、ほかの人より有利に生きてきたわけではありません。逆にスピリチュアルな力のせいで人脈を太くすることが難しく、生きにくいことも多々あり、むしろ長らく自分の能力を否定していました。

自分の天命を自覚したのは40歳を過ぎてからです。霊的な覚醒をしたあとも、スムーズに人脈や金脈が育ったわけではありません。天命に早く気づく人もいれば、私のように頑(かたく)なに目を背けて、なかなか天命にたどり着かない人もいます。天命に至る前

に、死を迎える人もいます。

私に神様やご先祖様の守護があったのは、私にスピリチュアルな力があるからではありません。私にお役目があり、天命に沿って生きるように守護されていたのだと思います。みなさんにも、お役目があり、天命があります。神様たちは、私たちが天命に至るよう守護し、バックアップしてくれています。一人でも多くの人が神様の守護を感じて、なるべく早く天命に至ってほしい。そんな願いを込めて、山あり谷ありの私のスピリチュアルな道のりをお話しいたします。

私は門番

1969年6月25日14時頃、私はこの世に生まれました。私の現世の話の前に、私が過去世で担っていた役割の話を聞いてください。

人は死にます。死ぬときに、その人の魂は人生を振り返ります。私のヴィジョンでは、魂の振り返りはパラパラ漫画のようです。生まれてから死ぬまでをパラパラと見ていき、忘れたくない記憶、深い記憶を見つけると、それを魂の中に納めていきます。良い思い出も辛い思い出も、深い経験は魂に刻まれていきます。生まれるときは、逆のことが行われています。魂が過去世の記憶をパラパラと再現して、その人に命を吹き込んでいきます。

私は今世に生まれる前まで、霊的な力で、その記憶の再現を他の人の分まで感じていました。誕生のときも最期のときも、みなさんの魂のパラパラ劇の作業をお手伝いする。三途の川や、天空への扉といわれる場所への橋渡し、門番みたいな役割だと思っています。

自分の役割に気づくまでは、かなり苦しい思いをしました。いろいろなパラパラ劇を見てしまい、人のパラパラなのか、自分のパラパラなのか、境がわからなかったのです。

役割に気づいてからも、長く魂の記憶の再現をお手伝いしていました。神様と呼ばれる存在や、異星人といわれる存在とも触れ合っていたようです。

役割が長かったので、実際の世界への生まれ変わりの回数はそんなに多くありません。その割に、過去世のたくさんの記憶があるのは、人のお手伝いで人の過去世までリアルに感じていたからでしょう。

そんな過去世のせいか、幼い頃に見ていた世界は、三途の川の向こう側でした。それは、人が肉体を失い、魂だけの存在になる、全く動きのない世界。どんな有名人でもどんな罪人でも、肉体がなくなると魂という同じ形になって、動きのない世界にいることが、幼い頃からわかっていました。

その世界の入口の門番であった私は、今世に生まれる前まで随分と長い間、その世界をフワフワして傍観していました。**動きがなく、何か不思議な世界。**幼い頃は、ずーっとそんなヴィジョンを見ていました。

生きる希望を見いだせなかった幼少時代

私の父はサラリーマン、母は専業主婦。私を含めて子どもは3人で、祖父母が同居する、よくある家族構成です。貧乏なわけでもなく、お金持ちなわけでもない。私はごくごく一般的な家庭に育ちました。

神職の家でもなく、イタコの家でもない一般的な家庭に、霊能力を持った私が生まれたのです。現在の活動をするようになってからは周りに霊的な力のある人はいますが、幼い頃は家族にも親族にも霊的な力がある人はいませんでした。私の力に気づいてくれる人も、私の疑問に答えてくれる人もいなかったのです。

私は人の感情を感知する力も大きかったので、相手から伝わってくる感じと相手の言葉のギャップに戸惑っていました。頭の中は、はてなだらけです。この人、相手をバカにしているのに口では「それ、ええわあ」と褒めている。あの人、行きたくないのに「行きます」って言っている。大人の言葉と気持ちのちぐはぐなところが、不思議でしかたがありませんでした。

未来を予知する力もありました。その調子で続けると、未来にたいへんなことが起こるのがわかってしまいます。みんなもわかっていると思っていたので、なぜそんな行動を続けるのか。「なんで？」「どうして？」と、周囲の大人に質問ばかりしていました。

4歳の頃は、「なんでみんな嘘つきなんやろ」「いつかははっきりしないけど、もうすぐこんなことが起きるのに、そんなこと言っててえーの?」「この人は自分にどんなことが起こるかわかってて、こう言っているんやろか?」というようなことばかりを、考えていました。

また、記憶する力が強くありました。見るもの聞くもの何でもかんでも入ってきます。それらをしっかりと記憶してしまいます。そのうちに時計などの数字に目がいくようになりました。数字にフォーカスすると、ますます記憶力が高まりました。大人の言っていることも態度も、質問して返ってきた答えもすべて記憶していました。言動、態度だけでなく、着ていた服やそのときの気候や何時頃だったかなど、五感で感じることも丸ごと覚えてしまいます。

なんでもかんでも覚えていて、「この間こう言っていたのに今はこう言うのは、おかしいやん」と考える4歳児。けれども体はちびっこです。考えに言葉がついてこないことにも悩んでいました。子どもですから、発声がうまくできずに赤ちゃん語で、語彙も少ない。読み聞かせられた絵本はまるっと覚えていたので、その言葉を拾って一生懸命伝えていました。けれども、言いたいことはなかなか伝わりません。

同じ年頃の子に対しては、人間として見ておらず、絵本の中の登場人物やぬいぐるみのように考えていました。大人はわかってくれずに嘘つき。誰とも理解し合えないし、先々のことがわかるので、何か起こっても驚きがありません。

「この先、生きていて何が楽しいんやろ」
「何を目当てに生きていったらええんやろ」
「大きくなったら、嘘ばっかりついている大人になるんだろうか。嫌やな」

こんなふうにばかり考えていたことを、はっきりと覚えています。生きることへの希望が見えませんでした。

また、毎晩のように見てしまう不思議な世界。夜になるのが怖かったし、嫌でした。夜になると不安になり、泣いていました。母親が一晩中私を抱きながら、あやしてくれたことも覚えています。ただ、泣くだけでなく、咳が出たり、熱が出たりと虚弱で、母親を困らせていました。

「魂の死」をもって能力に蓋をする

幼いながらに、この不思議な世界は怖いわけでもないし、嫌なわけでもない。けれども今過ごしている世界とは全く違うことはわかっていました。人に伝えられないもどかしさもありました。また、この世界のことを人に伝えてはいけないこともわかっていました。誰かに伝えると、恐ろしいことを引き起こしてしまうと、勘違いもしていました。

そこで、この不思議な世界のことをできるだけ考えないように、できるだけ見ないようにして生きていました。時おり見えるその世界は、静けさに満ちた、とっても穏やかで、光と影とが交差している世界。

ですが、反面のっぺりしていて、楽しいとかつまらないとかの感情がない世界でした。その世界のことや、その世界で自分に形がないことを人に伝えるのが、怖くてたまらなかったのです。

そして、今生きている世界のことがわかるにつれ、その不思議な世界が持つ闇や動きのない感じ、ときにそこに一人きりでいる感覚が怖くなってきました。その世界では形がないので、自分が何者なのかがわかりません。

普通は、自分の肉体を感じ、いろいろな物を見たり触ったりして、自分と世界との境界線がわかってきます。動く肉体と自分が同一に感じられるので、自分の存在がくっきりしてきます。

私は自分の形がない世界を見ていたので、動く肉体と自分を同一視することが難しく、肉体を借り物のように感じていました。借り物にいる自分が嫌な気持ちもし、今生きている世界がどんどん怖くなっていきました。

いつも不思議がそばにありました。川で遊んでいると、自然に魚やそのほかの生き物がどんどん集まってきます。一緒に遊んでいる子たちはびっくりしていました。ザリガニなんかは、たくさんとれました。なんでも記憶してしまうこと、未来が見えてしまうこと、生きることへの希望がないこと、不思議がいつも起こること、それが当たり前だと思っていました。

弟が生まれて、自分と弟を比べてみたり、周囲の子どもたちを観察したりして、日々の違和感は自分に原因があるのだということが、わかりました。そして７歳のとき、ずっと感じていた不調和は、自分が周りと違う能力があるからだ、と理解したのです。

この能力を捨てなくてはいけないと、強く思いました。なんでもかんでも覚えてしまい、記憶が蓄積され続けるのも苦しかったし、とにかくこれではこの世に対応できない、生きていけないと思いました。ただ、どうすれば良いかわかりません。

それまでは見るだけだった、三途の川の向こう側へ行ってみました。そうしたら、力の消し方がわかりました。記憶する力と記憶を、消しゴムで消すように消せるようになりました。私は、三途の川の向こう側へ行っては、自分の能力を消していきました。そうしているうちに肺炎になり、その年の暮れの12月25日に入院しました。

病院で私は、１回死にました。意識はなくなり、体の機能も停止していました。何より、魂の抜けた感覚がありました。けれども、気がついたらまた病院でした。再び現世に戻されてしまったのです。

戻ってきたときは、生きる知恵というのでしょうか、現世で必要なノウハウを知識として持たされていました。おかげで、現世での対処法がわかり始めました。と同時に、今まで見ていた不思議な世界を見なくなりました。霊的な能力を捨てたいと思い続けたからでしょう。能力の半分くらいに、蓋をすることができました。

霊的な世界を頑なに否定する

現世に戻ってきてからは、対処法を実践していきました。小学2年生のときからです。全速力で走ったり、一点に集中したり、早口で話したりと、いわゆる多動な行動をすると、調子が良いのです。それから私は、ますますせっかちになり、うわーっと話すようになり、どんどんと「ハイな女の子」になっていきました。そのほうが調子が良いと感じていたからです。

そのうち、一方的に早口でわーっと話すことが習慣となりました。早口で話をしていると、何だか違う人になっていました。演じているわけでもないし、見失っているわけでもない。けれども、別の自分です。そのような別の自分が、私の中に何人かできました。

また、相手の反応をよく見るようにしました。しばらくすると、そのときどきに話す相手によって、私の中の人たちがくるくると入れ替わるようになりました。

何かがおかしいと、今なら思います。しかし私には、普通のことでした。くるくると入れ替わると調子が良いので、不安定な気持ちも薄くなっていました。

自分では普通になったと思っているのに、よく次のようなことを言われました。「あなたの後ろに何かがいる」「あなたは〇〇から来た使者だ」「あなたは未来が見えるはずの人」など。街なかで突然「あなたは〇〇〇〇ですよ」（よく聞きとれない神様の名前）と言われたこともありました。

私は嫌で嫌でたまりませんでした。霊能者から見れば、私に能力があるのは一目瞭然だったと思います。ですが、霊的なことを言われれば言われるほど、見えない世界を遠ざけようとしました。

霊的な世界が嫌になったきっかけがあります。幼い頃、ときどき話す白い髪のおばさんがいました。面白い話をしてくれるおばさんで、霊能者だったのでしょう、私も自分の不思議な世界の話をしていました。

いつものように不思議な出来事の話をしていると、そのおばさんが、「あんたはなあ、人たらしやねんで」と言いました。

このひと言を聞いて、とても嫌な気持ちになりました。

私は、人たらしなんだ。

私の言葉は、人を騙すんだ。

そう思い、辛くなってしまったのです。それからは、不思議な世界につながるようなことを言われると、さっと蓋をしていました。

霊能者のおばさんに言われたひと言がずっとずっと、引っかかってしまい、霊能者らしき人に何か言われると、拒絶反応を起こしていました。見えない世界のことも、能力に蓋をしたので、遠い彼方へ追いやってしまいました。今振り返ると、過剰な拒絶反応だったと思います。胡散臭い世界なんか絶対に信じないと、強く思うようになっていきました。

人の気持ちの仕組み

私は、ずーっと人の気持ちの仕組みがわかりませんでした。人は、赤ちゃんのときは泣くことだけで自分の感情を表現します。赤ちゃんの時期が終わり、泣くだけでなく言葉や態度で自分を表現できるようになると、反対に本音や本心を表さなくなり始めます。

思っていること、考えていることを、言葉にはしなくなります。ただ、思っているだけ。ただ、考えているだけ。そして、肉体年齢を重ねれば重ねるほど、言葉は思っていることと離れていきます。

もちろん、思ったことをそのまま言葉にすることが、必ずしも良いわけではありません。

人は年齢を重ねて知恵がつくと、無意識に自分が優位に立とうとします。人を支配しようとか、人をおとしめてやろうなどと考えます。本当は「こうしたらいいな」と思っても、実際には自分本位な行動をとるのです。

　自分が優位に立ちたいという気持ちは、人にとって本能ではないかと思うほど、誰もが持っています。「自分をよく見せたい」「誰かに勝ちたい」という欲が、人の行動の原点となっているなと、常々感じます。

　自分にはそんな欲はないと思う人は、本当に浄化されている人か、ただ単に自分の気持ちがわからずに、こじれているタイプです。謙虚に見えても、また思いやりがあるように見えても、必ずどこかに「自分をよく見せたい」「自分が優位に立ちたい」という気持ちが隠れています。


「ポジティブに考え、前向きになろう」という思いも、気持ちに蓋をしてしまいます。前向きになるのは生きやすくなる知恵だとも思いますが、ポジティブに思えないこと、前向きでない本音や本当の気持ちを隠してしまいます。ネガティブな気持ちは、「いけない」ものではありません。蓋をして隠せば隠すほど、こじれて形を変えて、強い心の垢になっていきます。

人には本音と建前がある

私には、人の隠れている感情や思いが一番初めに伝わります。幼い頃は、一番に伝わる人の気持ちがその人の願いや思いだと解釈していました。思いと違う相手の行動や、考えと行動が違うことを伝えたあとの相手の反応に戸惑うことばかりでした。

隠れている感情は、その人が見られたくない、知られたくない、触られたくない場所です。赤ちゃんの頃は、感情も丸裸のまま人と触れ合います。言葉を覚えて丸裸で人と触れ合うと、傷ついたり、悲しくなったりすることが出てきます。傷つくことを覚えてくると、自分の気持ちを表すことを躊躇（ちゅうちょ）したり、防御したりします。幼い頃はそういう人の気持ちの仕組みに気づかず、苦労しました。

人には本音と建前がある。その本音の先に、もっと深い本音、本人が意識していない本音もあります。

本音を人に伝えて共感してもらえなければ、一人になってしまうかもしれない。孤独になってしまうかもしれない。それは受け入れがたい恐怖として、人に刻み込まれています。孤独になることを恐れずに心を見せてしまい、深く傷ついたことを過去世で経験し、知っているからです。

人は、肉体年齢が上がって知恵がつき、優位に立つことや自分の防御を覚えれば覚えるほど、本音と建前ができて、そこに距離が生まれます。でも私は、かなり大きくなるまで、そのことがわかりませんでした。

相手が本音や本心で思い考えていることを、私が言葉にしたり、行動で応えたりして、怒りを買っていました。こういうときの怒りのエネルギーはとても大きく、そのエネルギーから強烈なダメージを受けていました。

今考えると、見えない世界の能力を半端に封印しなければ、こんなにダメージを受けなかっただろうと思います。能力をきちんと使えば、感情や思いだけではなく、相手の過去世も見えたはずだからです。過去世が見えて因果関係がわかれば、私の対応も違っていたと思いますし、大きな怒りを受けることもなかったでしょう。

ただ、この頃は霊的な世界は頑なに避けていましたし、何か霊的な力が自分に働くことを強く封印していました。それでも相手の心の動きはわかりましたが、一番大切なところが見えなかったために、苦しんでいたのです。

14歳で能力を封じ込める

能力を封印できていたとはいえ、私にはまだまだ人とかけ離れたところがありました。幼い頃は、振る舞い方を間違えて、邪険にされました。大人からは疎（うと）まれ、気味の悪い子どもと思われていました。学校に入ってからは、普通になろうとして、かえって誤解されていたと思います。

そのたびに味わったのが孤独感でした。自分なりの対処法で「ハイな女の子」でいるので、私は普通なつもりでも誤解されやすかったのです。

周囲から理解してもらえなくて、一時期はわかってもらおうとすることを諦めていました。いじめられて、学校で誰も口をきいてくれないことが続きました。暴力も振るわれました。学校から家に逃げ帰ったことは何度もあります。もともと、「この先、生きていて、何が楽しいんやろ」なんて考える子どもでしたから、生きるのが嫌になってもおかしくないのですが、なぜか「大丈夫」という感覚はありました。

ひとりぼっちでも、殴られても、嫌われても、誤解されても、生きるしかない。心のどこかで「私は大丈夫。私は生きる」と思い続けていたのです。あのとき生きることを諦めなかったのは、私にやさしく、学校から逃げ帰るたびになだめてくれて、心のよりどころとなってくれた祖母と、学校では口をきいてくれないのに2人きりになると話しかけてくれる同級生の存在が救いとなっていたからです。

くじけそうな私の前に2人がいたのも、肉体を守ってくれたご先祖や、心が完全に破壊されないように守ってくれた神様、魂の記憶や感触が鈍らないように気づきを与え続けてくれた宇宙の存在があったのだ、と今はわかります。辛くても生きるんだ、という意思が強くありました。

幼い頃は、自分の能力を消したくて三途の川の向こう側の世界へ行きましたが、殴られたり蹴られたりと暴行を受け始めてからは、自分の心を守るために、向こう側の世界へ渡りました。現実の暴力の前に、なすすべがなかったのです。

14歳のときに、私は複数の男性に襲われてレイプされました。そのときは、一瞬で向こう側の世界に飛び込んでいました。そうして戻ってきたときに、私は完全に自分の能力に蓋をしました。見えない世界とおさらばしたのです。

自分を誤魔化し続ける

見えない世界とサヨナラしている間は、自分を強く騙している期間でもありました。約30年もの間、自分を誤魔化して見ないように、聞こえないようにしていました。「ハイな女の子」で「能力を封印した」私は、お金を稼ぐことに集中しました。

見えない世界も嫌だし、人間関係の構築方法もよくわからなかった私にとって、お金にフォーカスすることは他の選択肢に比べるとマシだったのです。若い頃から実業の世界に身を置いて、お金を動かしていました。しかし、いつまでも自分の能力や運命に蓋はできません。やがて限界はやってきたのです。

最初は、「お金を動かす」ことに限界がきました。多額の借金を抱え、それでもお金を動かし続けていました。「ハイな女の子」である私は、お金を動かしていれば、居場所があると思い込んでいました。恐らく他人から見ても無理をしすぎていたと思います。周りは離れていきました。

それでも限界に気づきませんでした。もう居場所はないのに、お金を動かすことにしがみついていました。そのうち次の限界がきました。37歳の頃に、体が悲鳴をあげました。体はボロボロ、体力が落ち、仕事もできなくなりました。その頃は住む場所もなくなって、実家に戻りました。実家の犬の散歩をするのがやっとという状態だったのです。

「ハイな女の子」の私は、それでも気づかないふりをしていましたが、いつまでも無理はききません。40歳で心に限界がきたのです。心が壊れて、判断力が鈍ったままに結婚をしました。そんな頃に戻り始めたのが、「あの感覚」でした。

心身に限界を感じ、スピリチュアルの世界に戻る

長い長い封印が解けたのは、琵琶湖のほとりでした。

42歳で結婚をしたあと、6カ月間の間、仕事をせずに休んでいました。妊活のために、ヨガを始めました。ヨガのおかげもあったのでしょう、体が緩まり緊張が解けてくると、感覚が戻り始めたのです。

幼い頃感じていたように、不思議な現象を見たり感じたりするのが頻繁になりました。そんな頃に、琵琶湖でヨガ教室の1泊合宿がありました。

日の出前に瞑想を行っていたときです。目の前が明るくなり、光が徐々に射し込んできました。光が目の前に満ちると、一面にすべての色が現れて、表現できないような光の渦が現れました。光とともに、幼い頃に聞いていた音が聞こえてきました。

そのうちに、文字が現れました。絵巻物でした。

古い文字が降ってきて、次々と読み上げられていきました。それは穏やかに始まりましたが、だんだんと声は大きくなり数が増え、終わる頃には大合唱です。

意識の中で体が浮かび上がり、忘れていた世界が目の前に広がりました。

その光景が終わるタイミングで、先生からの合図が入りました。ゆっくりと目を開けると、朝日が昇り始めていました。目を開けた瞬間、空に書かれた文字が目に飛び込んできました。

「我、生還す」

自分の霊的な能力をはっきり自覚しました。今まで避けていた見えない世界は、ずっと私を待っていたんだとわかりました。自分のお役目をやらなくてはいけない、と強く感じました。2011年の秋でした。夫が無職になり、お金を稼ぐ必要があったことも、神様の計らいだったとしか思えません。私は電話占い鑑定士となりました。

この世界は泣いている

琵琶湖のほとりの体験のあとは、不思議な現象が、より強く大きく現れ始めました。幼い頃は自分だけの世界だった見えない世界。戻ってみたら、私の肉体年齢が上がっていたこともあったのでしょう、ほかのことも感じとれるようになっていました。

泣いているのです。人も、モノも、大地も。山も、川も、そして神様たちも。神様の規模が大きくなると、泣いているというより休眠している感じです。動かないし、動けない。そう感じられるのです。

目の前に現れる人やモノは、泣いていました。闇の中で泣いていたり、日々の中で泣いていたり。そう感じるだけでなく、実際に目の前で泣き出す人もいました。

すべてが泣いているので、途方に暮れました。どうしたら良いか、わからぬままに電話に向かって鑑定をし、相手が知りたいと思う場面のヴィジョンを出して回答をしました。時にはその人の悲しみに寄り添い、時にはその人が癒やされる言葉を渡しました。

それらを懸命に繰り返し、1日8時間以上電話鑑定をする日々でした。それが、約1年間続きました。あの1年間は、人の「苦しい」を見続けた時間でした。占いの限界もわかりました。また、占いの役割もわかりました。

占いの間はトイレにも行けません。長時間の占いで意識がなくなっていることもありました。とにかく聞き続け、人の苦しみや悲しみに寄り添った1年間でした。あの経験は私にとって財産となり、今の私の歩みの原点となっています。
もっともっと自分の能力を磨いて、もっと見よう、もっと聞こうと強く思いました。

精進を重ねていく

霊的に覚醒したからといって、すべての脈が一気に育つわけではありません。幼い頃の人の気持ちの仕組みがわからない状態に比べると、だいぶこの世に慣れてきましたが、まだまだ人への接し方が難しいと感じています。

スピリチュアルな世界に戻ってから、金脈はみるみるうちに整ってきましたが、人脈は整うのに時間がかかりました。「一方的に早口で話すと調子が良い」というハイな面もまだ残っていますし、相手の心の裏側が見えすぎるときもあります。対応の加減がわからなくなる場面もあります。

結婚当時の「中島あゆこ」という名前で活動していたときは、いくつもの裏切りにあいました。築き上げた人間関係を、失うこともありました。そのたびに、一から人脈の整え直しをしてきました。

今は、上下関係のない仲間がいます。私を理解してくれて、私の活動を助けてくれます。霊的な覚醒をしてからの10年間、日々勉強でした。

能力を磨き、人と対話を続け、脈を太くしていく。この勉強は終わりがありません。どのくらい能力を高めて伝えるべきことを伝えられたか、天命をどのくらい果たせているかは、死ぬときにわかるでしょう。

それまで、修行をし、宇宙のリズムがきたときはリズムに乗って、より大きな動きを起こし、天命をより多く果たせるように、生き抜いていこうと思っています。

第4章　見えない世界の活かし方

タイプ別能力の伸ばし方

霊能力を持って生まれることはギフトでもありますが、その分苦労も多くなります。見えない世界が見える人、霊能力がある人には、次のようにいくつかのタイプがあります。自分のタイプを知って、慢心することなく自分の力を活かしていってください。

■直感的なタイプ■

第六感が強いタイプです。アーティストに多く、「あ、ひらめいた！」ということが多くあります。「霊能」とは少し違いますが、高いエネルギーを持っています。エネルギー量が多いので、いろいろなエネルギーを引き寄せます。

電気にたとえると、常にビビーッと放電している状態。寄ってきたエネルギーを音や香り、気配で感じることができ、自分のエネルギーだけでなく寄ってきたエネルギーをも使って、何か新しいことを生み出します。

エネルギーの動きにも敏感です。今ここで乗っておくべき、と判断したら、一気に流れに乗って、大きな結果を出していきます。

ただしこのタイプは、いつも力を放電しているため、ネガティブなエネルギーも引き寄せますし、間違った力の使い方をすることもあります。

浄化を進めていくと、力の出し方や引き寄せるエネルギーの種類を調整することができるようになり、より自分の魂に沿ったアーティスティックな活動ができるようになります。

■見えるタイプ■

霊を見るタイプの人。うっすらと人形（ひとがた）が見えたり、暗い澱みが黒っぽく見えたり、ハッキリとこの世のものではない存在が見えたりします。いわゆる、「見える」人ですね。日本で霊能者というと、この見える人を指していることが多いです。

日本人は、見えるタイプがかなりいます。子どもには特に多く、成長に伴い、見えなくなる人がほとんどです。ですが、思春期や妊娠、結婚、近親者の死去など人生の大きなイベントのときに、また見えるようになることもあります。

この世は層になっていて、いろいろなエネルギーが各層に留まっています。亡くなった人の思念が留まる層もあります。見える人は、その層に同調して思念のエネルギーを見てしまいます。見るだけでなく、そのエネルギーに操られてしまうこともあります。

見える人は繊細でネガティブな波動を受けやすく、「肩が重い」「特定の箇所が痛い」など、体感したり、体調を崩したりします。また感情が操られて怒りっぽくなったり、無気力になったり、普段の自分からは考えられないような、思いやりのない行動をとることもあります。

ネガティブな層と同調し続けると、どんどん体調が悪くなったり、感情の起伏が激しくなって理解者がいなくなり、孤立していきます。そんな状態では天命を知り、天命に沿って生きるなんて夢のまた夢。即刻ネガティブな層と同調することを、ストップしなくてはなりません。

最初は、自分でストップをかけるのは難しいかと思います。自分より霊格が上の人に、助けてもらうのがよいでしょう。ただし、いつまでも人に頼っていては、依存が生まれます。自分の力をつけていって、自分でネガティブな層への同調をストップできるようにならなくてはいけません。

「見える」こと自体、その人が高いエネルギーを持っていることの証です。力があるのですから、力を磨けば霊格が上がって、ネガティブな層と同調することはなくなります。

力のつけ方は、人それぞれです。結界の張り方を覚えて、自分で結界を張る人もいます。そのほか、気の流れの良い場所や神社仏閣に定期的に行って、自分をクリーニングする。アロマなどの香りや音を使って、自分の空間を清める。パワーストーンを身につける。また、苦行が向いているタイプもいます。断食したり、滝修行をしたり、プログラムをこなすのが好きな人ですね。人それぞれに合ったやり方で、力をつけてください。

ただし、どのタイプも浄化ワークで浄化することが必須です。思念に曇りのある状態で結界を張ったり、自分をクリーニングしたりしても、効果が薄いからです。浄化して曇りのない状態になると、自分の磨き方もセルフメンテナンスのやり方もわかってきます。それに沿って力をつけていけば、自然と霊格が上がっていきます。

■憑依されるタイプ■

イタコといわれるタイプです。何かの存在に憑依され、違う世界に飛んでいってしまう人です。神降ろしといわれるような、メッセージを降ろす人もいます。このタイプは、肉体の遺伝（神職の家に生まれたなど）によって獲得する場合や、沖縄など土地自体がそういうパワーを持ち、その影響を受けている場合もあります。

見えるタイプが体調を崩しがちなのに対し、憑依されるタイプは体感としてはラクです。違う世界に飛んでいったり、乗っ取られたりするので、自分はダメージを受けることが少ないのです。憑依されても、その自覚のないままずーっと話したり、違う世界のイメージを表現し続けたりします。

ただ、ラクだからといって、いつまでも乗っ取られているわけにはいきません。イタコや神職を職業に選ぶ人以外は、記憶がなくなることが多くなれば、日常生活に支障をきたします。

憑依される時間が長くなったり、頻度が多くなったりすると、違う世界に行って戻ってきたら日が暮れていたとか、その日の仕事が全く終わらなかったということが頻繁に起こります。憑依されても、違う世界に飛んでいっても、戻ってこなくてはなりません。

ここで注意してほしいのは、「違う世界に行かないこと」を目標にしないことです。飛んでいく時間や状態をコントロールすることを目指しましょう。

憑依されるタイプは、その体質を持って生まれた意味があります。浄化ワークで、その意味を探ってください。その意味がわかれば、自分の暮らしと自分の天命を両立させていく道を選ぶことができます。

■複合的なタイプ■

これらのタイプが合わさった人もいます。見える人が、ネガティブな層への同調が進みすぎて、憑依されることがあります。直感が鋭い人が、見えるようになることもあります。

危機管理能力を身につける

どのタイプも、力をつけていかないと、日々の暮らしが成り立ちません。まず、危機管理能力を身につけてください。

ご縁がある人がいた場合、この人と仲良くなりたいと、直感で感じるのか。頭で考えて「得になるから」この人と仲良くなりたいのか。

また、ある企画が立ち上がり、この企画を進めると危ないなと感じたときに、それは直感から来るのか、頭の中でぐずぐずと考えた不安から来るのか。

浄化を進めて、その感覚がどこから来るのかを見極められるようになりましょう。自分の魂から来ている直感をつかむようにしてください。魂からのメッセージを聞くことが、生きていくうえで、いちばんの危険回避になります。

損得で考えすぎると、危機管理能力は磨かれません。今の自分の直接の利益にはならなくても、直感に従うことを心がければ、危機管理能力が増していきます。

直感と違うことを選んだときは、人は自分を納得させるためにストーリーを作り始めます。誰でも、自分にとって不利益なことはしたくないからです。

例えば、「●●さんの提案は、なんかいい気がする」と直感で思っても、そこに損得勘定が働くと、「●●さんは何か企んでいるのかも」などと、筋の通らないストーリーを作り始めます。そんなときは注意しなくてはいけません。

直感は、「●●さんの提案は、いい気がする」もしくは「●●さんの提案は、なんかイヤだ」とシンプルに教えてくれます。直感をストレートに受け取ることをしないと、どんどん危機管理能力は落ちていきます。素直に直感を信じる訓練をしてください。

見える人に多いのですが、力が強まってくると、よりいろいろなことが見えてくるようになります。見えることを怖がって中途半端に力をつけると、「見たくない、でも余計に見えてしまう。どうしよう」というパラドックスに陥ってしまいます。

もっともっと力がついてくれば、見えてもそれにフォーカスしない、ということができます。見えるものがスルーできるようになるまで能力をつけていこう、自分で外せる能力をつけていこう、と腹をくってください。これもまた危機管理につながります。そういう覚悟ができないときは、逆に力をつけないほうが良い場合もあります。

地のエネルギーとつながる

私たちは、上のエネルギーとつながろうとします。上のエネルギーとは、天とか、空とか、神様や宇宙人、天使などの存在などです。

上の世界とつながることは大切ですし、つながることで大きな力をもらえます。けれども、上の世界よりも地の世界とつながることを最初に目指してほしいのです。上のエネルギーとつながることを求めすぎると、どんどんほかのエネルギーに自分を明け渡すことになってしまいます。

地のエネルギーは、確固たるエネルギーであり、とても強いエネルギーです。地のエネルギーとつながれば、違う世界へ飛んでいっても戻ってくることができます。放電していても、そのエネルギーをコントロールできます。大地のエネルギーとつながれば、しっかりと地に足がついて自分軸がハッキリしてくるし、力がより強くなっていきます。

地のエネルギーは重いエネルギーです。重量のあるエネルギーを受けるためには、こちらも体力をつけなくてはなりません。体を鍛えてよく眠って、とにかく健やかな状態でいることを心がけてください。体の声をよく聞きましょう。

眠りたいときに眠り、食べたいときに食べたいものを食べたい量だけ食べて、体が望むことを行ってください。浄化ワークを進めると、体の声を聞きやすくなります。

では、どうやったら地のエネルギーとつながれるのでしょうか。地のエネルギーの強い場所に行くなどの方法もありますが、まずはイメージを持つことで十分につながれます。

足の裏に地面、土を感じるイメージを持ってください。公園や海に行って、裸足を砂につけたり、岩とか土の上に裸足で立ってみるのも、イメージを持ちやすくなります。足がしっかりと地についている感覚を持ち続けてください。そこからどんどん地のエネルギーとつながっていけます。地面に横たわるイメージも良いでしょう。

つながる面積が大きいほど、しっかりとつながれます。つながりが強くなってきたと感じたら、表面の土だけでなく、もっと深く深く地球のコアな部分に向かっていくイメージを持ってください。


霊能力の強い人は、他人の霊能エネルギーを利用している場合もあります。他人のエネルギーを利用するために、相手を自分に依存させていることもあります。

大地のエネルギーは無限です。地のエネルギーとつながることができれば、ほかの人のエネルギーは必要がなくなります。誰かを無理に自分に依存させなくても、自分の霊能力を活かすことができるのです。

力が強くなるほど使い方に気をつけて

霊能力のある人は、自分の身を守るために霊的な力を高めることが必須です。力が高まって霊格が上がれば、ほかの人のネガティブな同調を外すこともできるようになります。ただし、力の使い方には注意が必要です。

力が強くなれば、エネルギーを上手に扱って自分にエネルギーを集めたり、ある程度未来のことがわかったりします。ただし、これを私利私欲のために使うと、しっぺ返しがきます。力が強くなればなるほど、しっぺ返しも大きくなります。

どうして私利私欲に力を使いたくなるのでしょうか。それは、自分に力があることで傲慢になるからです。「力があるから、ここまでしていいんだ」「自分のために使っていいんだ」という気持ちが出てくるのです。

一般の会社組織に当てはめて、考えてみましょう。平社員が、自分のポジションを自分の欲のために使っても、たかが知れています。けれども、役員や社長が、自分のポジションを欲のために使えば、会社の業績が悪化したり、会社の倫理観が薄れて、社員の仕事へのモチベーションが低下したりします。力のある人の行動は、影響力が大きいのです。

エネルギーの世界も同じです。力がついてくればくるほど、謙虚でいることを心がけてください。いろいろな脈が整ってくれば、自然とエネルギーは回ってきます。それを、力で無理に集めるようなことはしないでください。無理に力を集めると、ほかにひずみが出てきます。家族が病気になったり、怪我をするなど、周囲に何か起こることもあるでしょう。

未来のことも、ある程度わかるようにはなりますが、あまり自分のために使わないようにしてください。直感が磨かれてくると、ＡとＢのどちらのプランを選んだほうがいいかがわかるようになります。そういう直感には、どんどん従ってください。けれども、直感の域を超えて霊能力がある人が、自分の私利私欲のためだけに未来を読むのは、カンニングです。このようなカンニングは、おすすめできません。しっぺ返しが大きいからです。

私は、自分の未来は見ません。みなさんのためにエネルギーの流れを読んで未来を見ることはありますが、自分が大きな病気をするのかとか、何歳で死ぬのかとかは知りませんし、知る気もありません。それに伴う代償の大きいことが、わかっているからです。

第2部

浄化して4つの脈を整え育てる

第1章 人脈

エネルギーの流れを太くし、人と深く強い関係を築く

人とのエネルギー交換の質を高める

ここからは、浄化を重ねたことで整え、育てられるようになる４つの脈について説明していきましょう。人脈、金脈、時脈、そして神脈。〝脈〟と私は呼んでいますが、脈とはエネルギーの流れのことです。人脈、金脈が整わなければ、ほかの脈は整いません。ただし、浄化を進めて自分自身がクリアーになっていなければ、そもそもエネルギーの流れは良くなりません。しっかりと浄化を進めつつ、脈を整えていってください。

本章はまず「人脈」についてですが、これは気軽に使われる言葉ですね。一般的には「付き合う人の数を増やす」「有力者とつながりができる」という感じで、この言葉が使われています。

でも私は、一般的に使われる意味とは少し違う使い方をしています。私の指す人脈は、「交流会に行ってどのくらい名刺交換したか」というような話ではありません。**人脈とは、人と自分との間に流れるエネルギー**のことです。有力者と知り合う以前に、自分と人とに流れるエネルギーを整え、強く太くしていかなくてはなりません。

対人関係のエネルギーを整えるには、流れるエネルギーをクリアーにする必要があります。人と人とを結ぶ脈は血管と同じ。血管を流れる血液が、エネルギーにあたります。

まずはサラサラの血が滞りなく流れることが大切です。流れる血液をクリアーにし、血液の通り道である血管を太く強くしていくイメージです。

言葉を使ってエネルギー交換をする

人とのエネルギー交換で使うのは言葉です。言葉のかけ方ひとつで、エネルギーはキレイにもなりますし、逆に澱むこともあります。言葉の使い方が大切なのです。

人間関係においては、褒めることに言葉を使うのが大切です。相手の存在を認めているというサインを、言葉で送るのです。

もちろん、使う言葉は褒め言葉だけではありません。愛ある言葉を相手に贈りましょう。愛があればこそ、叱ったりさとしたりする言葉があるのです。

お互いに含みのない言葉を交換し合う関係は、良い人脈の基になります。そういうクリアーな人間関係を作っていくと、対人関係のエネルギーの循環が加速度的に早く強く大きくなります。そうして気がつくと、有力な人や必要な人と巡り会い、人生がより大きく発展していきます。

悪い影響を及ぼす濁ったエネルギー

私は、人間は欲のカタマリだと思っています。これは、悪い意味ではありません。欲のない世界は、この世とは呼べないでしょう。この世に、欲のない人はいません。

生まれたときから、私たちは自分の生命を維持するために息をし、食べて、動きます。生命を維持するという「欲」があるからです。欲は、人間の持つ大きなエネルギー。この強いエネルギーのない世界は、ぼんやりとフラットで、私からみると楽しさがない場所です。せっかく三次元の世界に生まれてきたのですから、デコボコの欲の世界を味わって、その中で為すべきことを実行していかなくてはなりません。

ただし、純粋なエネルギーとはいえない欲もあります。欲は人の思いによって、良いエネルギーにもなりますし、悪い影響を及ぼすエネルギーにもなります。その人の重ねた人生やブロックの大きさによって、本人が心から望んでいない欲も出てきます。


食欲がわかりやすいでしょう。人間としての活動を維持するために食べ物を取り込みたいという欲が、食欲ですよね。これは、とても純粋なエネルギーです。けれども今の世の中、私たちは純粋な食欲を感じる場面は少なくなっています。

「お昼だから（時間がきたから、お腹が空いていないけれど）食べよう」「通りがかりのお菓子屋さんで（クッキーが焼けるいい匂いがするから）クッキーを食べちゃえ」。はたまた、「奢ってもらえるのだから（そんなに食べたいわけでないけれど）デザートも食べよう」など、余計な欲がついてきます。

接待の場だから盛り上げるために美味しそうに食べなければならない、お得なセットを頼んだから、お腹いっぱいだけれど全部食べよう、と「ねばならない」という気持ちが欲に加わると、とたんにエネルギーが濁ってきます。自分の生命活動に必要な食べ物を取り込む、これが純粋な食欲です。**純粋な欲は、必要な欲。**これを覚えておいてください。

うまくいっている人は、自分の欲のエネルギーを活用している

私は経済的に成功しているクライアントたちと、定期的にセッションを行っています。世間的にうまくいっている人は、欲の使い方が上手だなと感じます。「欲」は、私たちの活動に必要なガソリン。欲を自覚すると、ガソリンの入れ方が上手になり、活動のパフォーマンスがぐっと良くなります。

上手な人は、ここぞというときに欲を使い、複数の欲をかけ合わせて結果を出しています。ある女性経営者は、「買い物欲」に「友人をもり立てたい欲」をかけ合わせて、友人の店から大量の買い物をしています。何か買いたいな、という買い物欲を自覚したら、友人の店に行くそうです。買った物は、仕事上の知り合いへのプレゼントに使います。一度の買い物で「買い物欲」と「友人に対する応援欲」に、「仕事を円滑に進めたい欲」まで満たしているのです。

経営者や成功者も人間ですから、モチベーションが上がらないときもあります。「今月末までにこの案件を決断しなければならないけれど、気が乗らない」という感じですね。そういうときは、「周囲の役に立ちたい欲」をガソリンとして使います。「みんなのためにがんばらなくちゃ」と行動を起こしていくのです。

欲は、うまく使えば良い状況をもたらします。しかし、その欲が純粋かどうかをしっかりと見極めないと、困った状況にあなたを追い込むこともあります。

自分の欲が複雑で、本当は何が望みなのかよくわからないと感じたら、第１部・第２章の浄化ワークで、そのもやもやとした欲について書き出してみてください。深く考えずに、どんどん書き出していくと、自分の欲が純粋であるかどうかがわかります。

「シャネルのバッグが欲しい↓友だちに見せびらかしたい」
「雑誌で見た星付きレストランのフルコースを食べたい↓自分でお金を出さないで、彼氏に連れて行ってほしい」
「恋人が欲しい↓私の周りが今、恋愛ラッシュだから」

書いていくうちに、例えばバッグはシャネルでなくてもいいし、そもそも見せびらかしたい欲はどこから来ているのかを深掘りしていけます。書き出して整理すると、欲の見極めがスムーズにできるようになり、純粋な欲とはどういうものかがわかるようになります。

「欲」をもって人とつながり、成長する

人とつながりたい。これは強い「欲」です。まずは、それを認識してください。人の欲の中でも、人と関わりたいという欲はとても大きいものなのです（人にとって、最大の欲だと私は考えています）。このエネルギーがあるから、人は人の中に交じり、人のことを考え、行動し、結果を出し、また新しく考えて行動していくのです。

人間は、一人では生きていけません。孤独が好きという人でも、いじめられた、周囲と気が合わずに一人のほうが気楽だ、などと環境によって孤独好きになった場合もあります。

小さな頃を思い出してください。一人遊びが上手だった人でも、公園で遊んでいる子どもたちと遊びたい気持ちがあったでしょう。幼い頃なら、「私も一緒に遊ぶ！」

と気負いなく輪に入っていけましたよね。遊びたくないのに誘われたから渋々ほかの人と遊ぶ、という3歳児がいたら、驚きです。

幼い頃の欲は、ストレート。そのストレートな欲、ストレートなエネルギーをもう一度思い出すことが、人付き合いの基になります。

私は、人は財産、人は宝と思っています。人と関わることは、相手から嫌な思いをさせられることもありますし、逆に思いもよらない自分が出てきて、うろたえたりもします。

けれども、人との関わりは、何より深い経験を私たちに与え、大きな成長をもたらしてくれます。私たちは、人がいないと自分を変えることはできません。

私は、早くから事業をしてきました。ビジネスの真似事を始めたのは、16歳。ですから、人と関わる経験がかなり多いと思います。いい関係ばかりではありませんでした。別れも経験していますし、心の傷となっている関わりもあります。もちろん、私に関わってくれた人に謝りたいことも、たくさんあります。

神事(かみごと)を始めて人の役に立つことをしたときに、今までいろいろな人からもらったものが、とても大きいことに気づきました。人からもらえるものは、金銭、物質的な贈り物、称賛、楽しい経験といった、ウキウキするものだけではありません。

傷つく言葉、そのときはウザいと思った叱咤の言葉、気まずい雰囲気、お金や大切なものを取られてしまった、というような辛い経験も、人が与えてくれるものです。良い経験も辛い経験も、どれもが私を成長させてくれたと、今は感じています。

みなさんも人との関わりを怖がらずに続けていってください。必ずわかり合い、通じ合う日がきます。喜びをいっぱいもらえます。悲しみも確かにあります。それでも繰り返し人と接することで「いろいろと辛いこともあった。でも、それはそれだ」と思える日がきます。

わかり合い、通じ合った人がいる。それが人との関係での脈なのです。怖がっていては、人の脈はできません。**人の脈は、あなたを大きく成長させてくれます**。成長し続けることで、あなたは自分の魂に近づくことができるのです。

欲の大元に立ち返り、エネルギーの純度を上げる

人となぜつながりたいのか。これを見つめることは、人と良い関係を作る一つの手がかりとなります。寂しいから。ビジネスに必要だから。もっと成長したいから。恋人が欲しいから。一人でいるのに飽きたから。一人だと将来が不安だから。

そのどれもが純粋な欲です。良いも悪いもありません。人間関係がややこしくなったときには、そもそも自分の純粋な欲、大元の欲って何だったのだろうと、振り返りましょう。

人間関係は、エネルギーの交換です。うまくいかないときには、相手のエネルギーに注意を払うと同時に、自分の出しているエネルギーをクリアーにすることが大切になります。

人との関係は相手がありますが、相手を変えることはできません。自分の出すエネルギーの質を変えていくことしか、私たちにできることはないのです。

もちろん、相手と何か誤解があったとしたら、対話してその誤解を解いていく努力は必要です。けれども、人はそれぞれ自由があります。変わるのも自由、変わらないのも自由。人を変えようと注力しすぎるのも、欲の方向を間違っていることになります。

また、自分をよく見せようとする欲は、コミュニケーションの妨げとなります。人は誰でも承認欲求を持っています。わかり合いたい欲を持って話し合っていたのが、いつの間にか自分をよく見せよう、認められようという承認欲求にすり替わって、自分が、自分がと話してしまうことがあります。

承認欲求も上手に使えば大きなガソリンになりますが、欲をコントロールすることは、浄化が進んで自分の欲に自覚的にならないと難しいもの。ひとまず**「自分をよく見せたい欲」は大敵**、と心得てください。自分をよく見せようと思うよりも、自分の出しているエネルギーの質を高めていきましょう。

人間関係で問題が起きるというのは、自分の出すエネルギーの純度が下がっているということでもあります。なぜその相手とつながりたいのか。恋人が欲しいからであれば、「恋人が欲しい」という欲の上に別の欲が乗っていないかを確かめましょう。「友だちに羨ましがられるような、ハイスペックな人を連れて歩きたい」「お金持ちの人を恋人にしたい（ハイブランドのプレゼントをもらって、人に見せびらかしたい。もしくは、お金が欲しい）」など、往々にして「承認欲求」「金銭欲求」など別の欲が乗りがちです。

　ビジネスを大きくするという欲で人とつながっているとします。ビジネスを育てるのであれば、タイプが違う相手と補い合って活動するほうが、うまくいきますよね。けれどもいつの間にか、「あの人はお金遣いが荒くて、私とは合わない」「あの人はスケジュール管理が細かくて、大雑把な私とは合わない」と、ビジネスを大きくする欲よりも、「自分ルールで気ままにやりたい」欲が出てきます。これでは、うまくいくはずがないのです。

　気の合う人と、疎遠になってしまったという人も多いでしょう。気の合う人と仲良くしたい欲が、元々の欲です。相手の好ましい面を見て楽しく過ごし、刺激を受けたい。そこに立脚して、関係を再構築してください。ただし、見極めが難しいかもしれませんが、疎遠になった人と関係を見直す時期にきている場合もあります。
人は成長します。今まで居心地の良かった関係も、自分の成長と相手の成長が合わなくなったり、方向性が違ってくると、自然と疎遠になります。自然な疎遠は環境の変化の一環ですから、その関係に固執することはありません。

ちなみに、元の欲にほかの欲が重なってきた場合は、注意が必要です。仲が良いことに甘えて、約束を破ったりしていませんか。相手のグチをこぼしていませんか。相手の言うことに耳を傾けて、お互いの関係が深まる会話をする努力を怠っていませんか。「人を都合よく扱いたい」欲が出てくると、相手もそれを敏感に察知します。欲の大元に戻って、純度の高いエネルギーを出していくようにしましょう。そうすると、人との関係がいつの間にか、深くなっていきます。

自分の欲を具体的にしていく

「恋人が欲しい」「気の合う友人が欲しい」「ビジネスを一緒にする人が欲しい」とい

うのであれば、どんな相手が欲しいのかを具体的に考えていきましょう。どんな相手が好ましいのか、ぜひ書き出してください。

恋人が欲しいのであれば、例えば「私は寂しがり屋だから、しょっちゅう会える人がいい」「趣味が同じで、趣味友だちみたいな恋人がいい」「昔騙されたから、とにかく誠実な人がいい」など。

「私のことを大切にしてくれて、頭が良くてエリートで、見た目もいい」というてんこ盛りな欲は、本当かどうかよく考えてみてください。見た目のいいエリートと、共通の話題があるのか、会話が弾むかどうか。「頭が良い」はあなたの学歴コンプレックスの反映だったり、「見た目がいい」は虚栄心だったり……。

「私のことを大切にしてくれる人」を恋人にしたい、それが純粋な欲かもしれません。純粋な欲を第一と考えれば、エリートよりも、育った環境が同じ感じでくつろげる相手のほうが、大切にしてくれると感じられるかもしれません。

自分の欲のあり方を見つめるには、**自分のことをわかっていく必要があります**。人間関係でうまくいっていない人が周囲にいませんか。いつも同じタイプにアタックして振られてしまう人。今度こそいい社員を雇ったと嬉しそうでも、すぐにその社員が辞めてしまう社長。

「相手が悪い」と本人は言いますが、傍で見ていると「自分のニーズと合わない人を見つけてきた」ということがわかりますよね。こういう人は、そもそも自分のニーズがわかっていなかったり、自分のタイプを勘違いしていたりします。

書き下ろし浄化ワークで、自分のことを深掘りしていきましょう。自分を知ることが、良い人間関係を築く第一歩となります。

会話、対話をして聞く力をつける

人間関係を太く深くするのに必要なのは、言葉と態度です。私たちは、相手の態度も含めて聞いています。ですから、コミュニケーションの鍵となるのは、言葉です。

みなさん、お話しするのは好きですか？　私は話をするのが苦手でした。おしゃべりはよくしていましたが、自分の気持ちを伝えたり、わかってもらいたい事情を説明したりするのは、苦手だったのです。出来事や思いついたことをわーっとしゃべっていただけ。これでは、「話をする」とは言えません。ただの「おしゃべり」です。

自分の気持ちや伝えたいことを、相手に届くように口に出す。それを受けた相手の気持ちを、しっかりと聞く。これが「会話」であり、「対話」です。この繰り返しが、良いコミュニケーションを生んでいきます。


人脈を太くしていくには、まず、相手の話をしっかりと聞くという力が欠かせません。**上手に伝えるのは、二の次**です。自分の言葉が相手に届いているかどうかは、相手の言葉に耳を傾けなければわかりません。

あなたの周りに、こんな人はいませんか。自分が言うだけで相手の反応を気にしていないタイプ。「私、〇〇さんに△△△って言ったのよ。それから□□□とも言った。これだけ言えば、〇〇さんよくわかっているはず」。

自分が話した内容の羅列だけ。聞いていても、本当に〇〇さんが理解してくれているか、全くわからないですよね。「そのとき、〇〇さんはなんて返事した？」と聞き返しても「さあ。なんて言ったかしら」と〇〇さんの言葉に注意を払わなかった様子がうかがえます。これでは、一方的に発言しているだけで、会話になっていません。

一方通行の話では、どれだけ時間をかけても、良い関係には育ちません。

良い関係を築くには、自分の言いたいことを伝えることも、もちろん必要です。しかし、伝えることに夢中になって、相手の反応を見ていないような状態では、コミュニケーションは成り立ちません。**自分の言いたいことだけ言うのは、幼児と同じ**です。幼児は周りが話を聞いて育ててくれますが、大人になっても幼児と同じ方法では、深いコミュニケーションは望めません。

相手が、否定的なことばかり言う場合もあります。いくら話し合っても、無駄だと思うこともあります。でも、なるべくフラットな気持ちで相手の言うことを聞くようにしましょう。断定的な強い口調がクセになっている人の言葉は、本人が思っているよりも、強くあなたに伝わります。もしかしたら、あなたを否定したいというよりも、ほかに心配ごとがあって、ネガティブな発言になっているのかもしれません。言われたことにパッと反応しないで、その**発言の裏側にあるものを見ていきましょう**。否定的な発言をされると、私たちは冷静ではいられません。けれども浄化が進めば、より冷静に、よりフラットに相手の言うことを聞くことができます。

親しい間柄こそ、聞く力が大切

友人であれば相手の話をよく聞くことができるのに、親や配偶者、自分の子どもなど関係が近い人の話は、受けとめる気持ちで聞くのが難しいことがあります。今まで溜め込んだブロックが発動するからです。

結婚してしばらく経つと、「夫（妻）と話をすると、いつも喧嘩になってしまう」ということが起こります。相手もあなたに思い込みがあり、あなたも相手に対してブロックを持っている。お互いに障害物がある状態で会話をするからです。まずは自分の浄化を進めていきましょう。相手の言い分を、なるべくフラットな気持ちで受け止めるようにします。

ただ、近い関係の相手とは、お互いのエネルギーが反応しやすくなっているので、話すときは状況を選びましょう。夜話すと険悪になるのであれば、朝や午前中に話すようにする。家で話すよりも、カフェやレストランでくつろいで話す。直接話すとつい つい喧嘩ごしになるのであれば、電話やメールを使ってみる。

少し**状況を変える**と、落ち着いて聞くことができますし、相手も落ち着いてくれば、お互いの認識の違いがわかって、つながりが深まっていきます。身近な人とエネルギー交換が円滑になれば、ほかの人とコミュニケーションをとる力が数段上がり、人の脈が太くなっていきます。

身近な人に対して溜め込んだ気持ちがあるなら、書き下ろし浄化ワークでその人をテーマにして書き出してください。身近な関係から受ける影響はとても大きなもの。どうせ書いても変わらないと思わず、しっかりと見つめることができれば、あなたのエネルギーが飛躍的にクリアーになります。

第1部・第2章でも説明したように、書くことは、何でもかまいません。「夫の口ぐせが嫌だ」「小さい頃からうるさい父が嫌だった」など、思ったことを書きましょう。「自分の母は馬鹿で恥ずかしい」「妻の作り笑いが気持ち悪い」「夫とセックスしたくない」など、**誰にも言えないこと**こそ、どんどん書いてください。

書いているうちに、どうしてあなたが母親を馬鹿にするのか、妻がどんな気持ちであなたに対して作り笑いをするのかがわかってきます。母親は、たぶん馬鹿ではありません。寂しさや親に承認されない気持ちなど、あなたが母親に気づいてほしいことがあって、それを気づいてくれないから「馬鹿だ」と思い、その言葉で片づけてきたのかもしれません。友だちの母親と違うから、恥ずかしかったのかもしれません。

溜め込んだ気持ちを書き出していくと、なぜそう考えたかの元ネタがわかります。元ネタがわかれば、そのネタにこだわることがなくなります。そうすると、相手にフラットな気持ちで向き合えるようになるのです。

質問する力をつける

聞く力をつけるということは、質問する力をつけるということ。なぜなら、すべての人が、自分の気持ちを表すのが得意なわけではないからです。

途中まで言いかけて、引っ込める人もいます。自分の気持ちなどわざわざ言うまでもないと思い、出来事の報告をダラダラとするタイプもいます。こういうタイプと話すと、そのとき何を思ったのか、長く話を聞いてもわからないことがよくあります。自分の状況が整理できず、散らかった話をする人もいます。

相手の様子を見ながら、コツコツと質問していきましょう。相手がどういう状況で、どういう気持ちなのか。慣れない間は、自分が**雑誌のインタビュアー**になったつもりで質問していきましょう。質問は、なるべく短く。相手に考えてもらい、たくさん話してもらうようにします。相手の気持ち、エネルギーの方向をつかめれば、関係はより深まります。

自分の気持ちを伝える力をつける

相手の話を聞く力がついたら、自分の気持ちを伝える力もつけましょう。人間関係は双方向。相手の言うことを聞くだけ、もしくは自分が話すだけの一方通行では、良いエネルギーの循環は生まれません。

ここで、みなさんにお伝えしたい大切なことがあります。それは**聞くときも話すときも、うまくやろうとしない**こと。うまくやろうとするから、正解を求めてしまうのです。エネルギー交換に、正解はありません（もっと言えば、人生に正解はありません。そのときそのときの精一杯の行動が最適な結果を導き出してくれると、人生を信頼することです）。

効率的にうまくやろうとする気持ちが、人とつながりたいという純粋な欲の上に、別の欲を乗っけてしまいます。うまくやりたいという欲も、私たちにお馴染みの欲です。承認欲求と同じく、この欲も脇によけておきたいもの。相手との関係に集中しましょう。

また、うまく会話が進めば、充実したコミュニケーションになるというものでもありません。きつい言葉を伝え合っても、より深くわかり合った結果になることもあります。相手の言いたいことを、汲み取りたいという欲。自分の気持ちを、なるべくそのまま伝えたいという欲。その純粋な欲に集中して、コミュニケーションをとってください。

あなたの気持ちは、言わなければ伝わりません。「言わなくてもわかってほしい」

というのは、甘えの欲です。

また、自分の気持ちは言う価値がない、と思っている人もいます。相手はあなたとわかり合いたくて話をしているわけですから、「私は価値がないから話すことはない」というのは、相手のわかりたい欲を全否定することになります。相手のことを全否定していたら、人間関係は成り立ちませんよね。自分の気持ちをわかりやすく伝えることを目指しましょう。

書き下ろし浄化ワークは、話す力をつけるのにも有効です。自分の心を書き出して、見える化すると、伝える力も強まります。

自分の気持ちを言えない人の多くは、自分に価値がないと思っているか、思考が複雑すぎて、整理ができない人です。自分の気持ちを書き出していくことで、ああ、私はこういうことを考えていたんだとか、これだけはぜひ人に伝えたかったということが出てきます。**見える化することで、気持ちの整理ができる**のです。

話す力というのは、説得する力とか論理的に話す力だけではありません。論理的に話せれば説得力も生まれますが、その力をつけるのがゴールではありません。鍛えたいのは、自分の気持ちや考えを、対話の中で伝える力です。

対話には、相手があります。立板に水のように自分の論理だけを話しても、相手に伝わらないこともあります。思わぬ相手の反応に、自分の気持ちと違う言葉が口から飛び出してしまうこともあるでしょう。自分の気持ちと違う言葉は、誤解の元です。

相手のエネルギーを感じつつ、反応しすぎてカッとすることなく、自分の気持ちを伝えていく。それには、自分の気持ちの元は何か、純粋な欲の上で相手とどういうふうにつながりたいと思っているのかを、常に見つめる必要があります。

ポジティブな言葉を意識する

私は、言葉を直せばお金持ちになれると、常々周囲に言っています。言葉をどう直すか。対人関係で言えばズバリ、**「褒め上手」**です。人に対して発する言葉をポジティブにしていく、それに尽きます。

心にもない褒め言葉を言う必要はありません。それでは、自分の気持ちと違うことを言うことになります。無理をする必要はありませんが、相手のいいなと思うポイントは、探す気になればいくらでも見つかります。

銀座の夜の女性は、話すことがないときは男性のネクタイを褒める、と聞いたことがあります。「そのバッグ色が華やか」「帽子が似合う」など、見た目で気づいたことを褒めるのも良いでしょう。

「いつも的確なアドバイスをくれるので、頼りになる」と、行動や見識を話題にするのも良い方法です。相手が自分のために時間を使ってくれている、ということ自体をありがたいと思ってください。その気持ちを素直に**「私のために時間を使ってくれてありがとう」**と表現すれば、それだけでポジティブな声がけになります。

日頃から、物事の良いところを見るクセをつけると、対人関係で自然とポジティブな声がけができるようになります。特にラッキーなことが起こらなくても大丈夫。「今日は晴れていて気持ちがいいな」「通勤時に通った道で、桜が美しく咲いていた」「朝のコーヒーが美味しく淹れられた」と日常で良いところを見るようにするのです。

良いこと探しが上手になると、自然と人に会ったときや連絡したときに、ポジティブな言葉がすぐに出てくるようになります。

また、丁寧な言葉を使うことも大切です。**美しい日本語を使う**ようにしてください。丁寧な言葉を使えば、誤解を生みにくくなります。人間関係に誤解はつきものですが、できるだけ少なくすると、クリアーなエネルギー交換ができるようになります。ポジティブな言葉を使う、丁寧な言葉を使うことを心がけていれば、自然とコミュニケーションがうまくいきます。

特別なストーリーも、作為も必要ありません。いろいろと考えすぎて、実際は対人関係がギクシャクしている人は、ぜひ試してみてください。

苦手な相手には期待しすぎない

苦手な相手は避けたいと考えがちですが、苦手な人と仕事をすることもあるでしょう。苦手な相手は、最初から期待値を下げておくとイライラしません。

私は、苦手な相手は「この人に対して苦手度70」など苦手の値を高めに設定しておきます。そうすると、「苦手度70と思っていたけれど、今日は55くらいだったからラッキー」と思えますし、70のままでも初期設定と同じなので気になりません。

苦手な相手には、こちらが身構えてしまいますよね。苦手な人や物事に対して、私たちは通常のリラックスした状態で対応することができません。体が縮こまったり、戦闘態勢になったりします。これが、問題を複雑にします。

できるだけ、**リラックスした気持ちと体の状態**で、苦手な相手に向かいます。浄化が進めば、フラットな状態を保ちやすくなります。単に「この人苦手」「イヤ」と思うのではなく、相手のどこが苦手なのかをテーマに、書き下ろし浄化ワークをしてみてください。気持ちが整理されれば、相手がこちらの苦手な行動や言動をとらないように、用心して行動することもできるようになります。

恋愛での脈を作る

恋愛に悩んでいる人も多いでしょう。人は愛なくしては、生きていけません。また恋愛は、良くも悪くも自分と向き合い、自分を磨く必要がある関係です。

恋愛においてのエネルギーの交換は、相手のことを思いやる気持ちが溢れたり、自分でも気づかなかった嫉妬心やどす黒いものを発見したりと、自分の知らない側面が出てきます。これが浄化を進め、私たちを大きく成長させてくれます。

愛や恋を考えるときは、**好きな人や想う人がいるとき**。そしてもう1パターンが、**長らく誰かに巡り会えていないとき**です。

相手がいる場合、あなたの中に相手への想いがありますよね。恋愛の想いはスピリチュアル的に見ると、とても重いのです。想いが重すぎると、相手もあなたも苦しくなってしまいます。浄化を進めて、相手とつながりたい欲の元を見極め、余計な欲をつけないようにする。それだけで重さがとれていきます。

さらに、伝える力を高めてください。好きの始まりに立ち戻って、物事を伝えるようにしてください。相手が少しでも笑ってくれたらハッピーで大成功。そんな心持ちで、伝える力を磨いていきましょう。余計な欲がついてくると、伝える内容も複雑になり、重くなって関係が進まなくなります。

長らく誰かに巡り会えてないときは、巡り会いたい相手のことを具体的に書くことをおすすめしています。**恋愛の相手こそ、引き寄せの効果が出やすい**のです。ただし、前述した通り、ぼんやりと「ハイスペックな男性」や「アイドル並みに可愛い女の子」などの具体性のないことは、叶いにくくなります。本当に一緒に過ごしたい相手を真剣に思い浮かべましょう。「身長は低すぎず高すぎず」「犬が好きな人」「コーヒーが好きな人」といった具合です。横に並んで歩いている感じや一緒にカフェに入っているときなど、どんなシーンで一緒にいたいかを考えてみてください。容姿についても、具体的に「アイドルの○○さんに似ている人」「目が大きい人」という感じで思い浮かべます。この場合は、アイドルの○○さんに似た人が目の前にいたらどうだろう、自分は楽しいだろうかとしっかりと考えてくださいね。緊張するのであれば、引き寄せはうまくいかないでしょう。自分が本当に楽しめて、ワクワクした気分になれる相手を具体的に思い浮かべることができれば、そういう人が巡ってきます。

霊的な力が仇（あだ）になることもある

ここからは、スピリチュアルな力がある人に向けてのお話になります。私には霊的な力があり、仲間には霊的な力がある人もいます。霊的な力がある人からの相談を受けることもあります。その経験から、スピリチュアルな力があるからといって人生うまくいくわけではないし、その力の落とし穴もあるとわかってきました。

私は幼い頃、「見えないものが見える」能力に悩まされました。第1部・第3章でお伝えした通りですが、人は誰しも、第六感や相手の感じていることに感応する能力があります。この点、「見えないものが見える」能力、いわゆる霊的な力がある人は、より相手のエネルギーに敏感です。結果、順調に人と関係を築くのが難しいことがあります。

SF小説を読んだり、SF映画を観たりすると、テレパスといわれる人たちが出てきます。相手の考えが、言葉となって自分に流れ込んでくるイメージでしょうか。それを、スラスラと読み込んでいく超能力人種ですね。

実際のテレパシーの感応は、そんなクリアーな形ではありません。言葉になる前のエネルギーが、形や色、嫌だとか嬉しいとかの感覚で流れてきます。音で聞いたり、匂いを感じることもあります。

気持ちのエネルギーは言葉にならない形だというのは、自分の気持ちのあり方を見れば、わかると思います。不満があったり怒ったりしているときは、なんかモヤモヤする。ドロッとする。お腹の中に、黒い塊がある。そんなふうに感じるでしょう。

はっきりと言葉で、「○○さんのやり方が、私にダメージを与えている」というふうに思う人は稀(まれ)です。そもそも**感情は整理できない場合が多い**のです。言語化できるほど感情を整理するのには、時間も手間もかかります。

霊的な力のある人は、この言語化される前の黒い塊に反応してしまいます。こちらも生身の人間ですから、相手のエネルギーに同調します。相手が自分のことを嫌だと思うエネルギーに感応すれば、どっと落ち込みます。霊的な力が強くない人であれば「この人、私のこと嫌がっているのかも」と心の片隅にひっかかるような気持ちで済みます。しかしスピリチュアルな力のある人は、黒い塊に同調し「この人、私のことが心底嫌いなんだ」とイメージで受けとめて、極端な反応をしてしまいます。

霊的な力のある人は、強いエネルギーを持っています。普段の行動や心持ち、人への反応に対して、発するエネルギーが大きいため、返ってくるエネルギーも大きくなるのです。

出すエネルギーも、戻ってくるエネルギーも人の何倍にもなるのに、極端な反応をしてしまうと、より物事が大きくなります。

相手の気持ちに対して勘が良いということは、人間関係を作るうえで、アドバンテージと思われるかもしれません。しかし、それは自分自身が安定していてこそ発揮される能力です。自分が不安定な状態では、揺れ幅が大きくなるだけ。勘のいいことが、仇になる側面もあるのです。

浄化してブロックを外す

私は幼い頃、人はなぜ言うことと思っていることが違うんだろうと、常に悩んでいました。特に大人はほとんどが発する言葉と思いのエネルギーが違うので、その人の発するエネルギーと違うことを言われると「なんで？」「なんで？」としつこく聞いていました。

その結果、大人から煙たがられる幼少時代を過ごしました。こんな経験はトラウマになります。霊的な力がある人は、大なり小なり、**その能力が故のトラウマ**があります。

トラウマはブロックとなります。人と違うブロックを抱えているうえに、人間関係でエネルギーの出し方を間違えると何倍にもなって返ってくる。

ブロックを石としましょう。普通の人は、石ころがところどころにある道を車で時速40〜60キロで運転するような感じです。霊的な力がある人は、大きい岩が始終突き出ている道を、車で時速１００キロで運転していくようなものです。うまく運転できれば、人より速く、遠くへ行けますが、事故が起これればダメージは大きくなります。

霊的な力がある人こそ、とにかく浄化することを心がけてください。浄化をしてブロックを外し、大きい岩を小さくし、突き出た部分を少なくしなくてはなりません。自分のエネルギーの大きさを自覚しないと、いつまでも時速１００キロ運転です。

浄化が進めば、自分のこともフラットに見られるようになり、自分のエネルギー量がわかるようになります。１００キロ運転では、見過ごすべきでない大切なことも見えず、ただ通り過ぎるだけの人生になってしまいます。エネルギーの大きさを勘案しながらアクセルを踏む回数を減らし、時にはブレーキを使いながら進んでいきましょう。

自分の出すエネルギーに注意する

霊的な力がある人は、相手の黒い感情を感知して自分も相手に黒い感情を持ってしまうと、出すエネルギーが非常に黒くて重い感じになります。呪う、というイメージですね。

そういう人が自覚なく呪いに近い重いエネルギーを出していることは、往々にしてあります。**人を呪わば、穴二つ。**出した呪いのエネルギーは、自分に跳ね返ってきます。

自分の受けるダメージを覚悟の上で呪うならまだしも（これは決しておすすめはし

ません)、無自覚に呪いのエネルギーを送ってそれが返ってくると、人生はどんどん生きにくくなります。相手にとってもいい迷惑です。

あなたに対して「なんかこの人ウザいなあ」と思っただけなのに、呪われてしまう。その呪いのエネルギーは跳ね返ってきて、あなたも辛い。お互いに良いことがありません。

これを防ぐためにも、書き下ろし浄化ワークは有効です。相手の黒い感情を感じ取った。無自覚に呪う前に、相手の感情について書き下ろし浄化ワークをしてみてください。このとき大切なのは、相手の視点に立つことです。

「私の話がコロコロ変わるから、ついていけないって感じているのかも」「彼女と関係が悪くなっているAさんの話を突然始めたから、警戒しているのかな」などと、相手の黒い感情の元が見えてきます。

落ち着いてみれば、「話をあまり変えないようにしよう」「話していたらAさんの顔が浮かんですぐ話題にしたけれど、Aさんの話はダメみたい。これからは少し様子を見よう」と対処法も見つかるはずです。早とちりを防ぎましょう。自分の出すエネルギーで自分が傷つくことが、少なくなります。

相手の感情の裏側を感じとるときもあります。相手が黒い怒りを抱えている。その怒りの裏側にある、寂しさや不足感を感じてしまう。ただ、往々にして**相手は自分の寂しさや不足感に気づいていません。**

相手が自分の怒りについて話しているのに、相手の寂しさや不足感を話題にしてしまうと、話がチグハグになってしまいます。こちらは相手のエネルギーに感応してコミュニケーションをとっても、相手にとっては見当違いの話となり、関係が深まりにくくなります。

まずは、相手にもその寂しさに気づいてもらう、というステップが必要です。相手が寂しさに気づいて向き合えば、実は怒りも収まっていきます。どうやったら寂しさに気づいてもらえるか、それを第一の欲として会話をしていきましょう。

自分の性格を把握する

霊的な力がある人は、いくつかタイプがありますが、大まかには2種類だと常々感じています。まず、**せっかちで行動にムラっけがあるタイプ**（私など、その最たるものです。せっかちで、何でも早く、早くです）。それから、トラウマがブロックになって、**口数が少なく受動的なタイプ**。

せっかちなタイプは、対人関係において、せっかちを抑えましょう。あなたが読み取る相手のエネルギーは、あくまでもそのときに相手が持っているエネルギー。時間が経てばあなたも変わるし、相手も変わります。自分の気持ちを整理するのに、時間がかかる人もいます。

問題点が見えていても、相手と一緒にその問題点に到達するようにしましょう。相手のペースに合わせてください。相手の気持ちがわかってすぐに答え合わせをしたがる人がいますが、これはカンニングのようなもの。学校のテストは早く答えにたどり着くことが正解ですが、人間関係においては、早さは正解ではありません。相手があなたのペースについていけずに関係が壊れることもあります。人とのエネルギー交換は、相手にじっくり寄り添い、関係を太く強くするのが、正解なのです。

また、会おうとしてもなかなか時間が合わないなど、タイミングが合わない相手でも、「この人とはご縁がない」と早急に判断しないでください。相手のエネルギーとあなたのエネルギーが合うときがくれば、タイミングも合ってきます。

表面のエネルギーが合った相手とだけエネルギー交換をしても、なかなか深い脈にはなりません。大元のエネルギーでつながる関係は、太い脈に育ちます。時間に余裕をもって関係を温める気持ちで、人とつながりを作っていきましょう。

口数の少ないタイプは、ごつごつとしたブロックだらけの道でじっとしている状態です。移動せずに人が通りかかるのを待っているだけ。これでは、どこにもたどり着けません。

浄化をして、少しずつ、自分の気持ちを表すトレーニングをしてください。あまりにもゆっくりしていると、人生が終わってしまいますから、ある程度自分の気持ちを表に出せるようになったら、**ドライブをかけて自分の殻を破りましょう。**他人とのエネルギー交換が、あなたをぐんと成長させてくれます。

丁寧に伝え合うからこそ、人間関係は深まる

みんながみんな霊的な力が発達して、同種の人たちばかりになれば、人間関係がより深くなるのでしょうか。私はそうは思いません。私は、仲間と一緒に神事を行っています。私と全国を回る活動をするうちに、スピリチュアルな覚醒をした人もいます。

覚醒した仲間との意思疎通は、シンプルです。私がAと思ったとすると、言葉をたくさん重ねなくても相手にAと伝わります。省エネですよね。神事を行うときには、天候の様子や時間の制約があり、一刻一刻が大切ですから、瞬時に私の考えが伝わることはありがたいです。

では日常生活がそうだったら、どうでしょうか。Aがそのまま A と伝わるのは、気楽な世界です。

三次元の世界に生きる私たちは、言葉を重ねてもAがBに、もしくはAがABと伝わることがあります。けれどもその中で、丁寧にコミュニケーションをとって、A'として伝わったり、ずばりAとして伝わったりすると、それはただAがAとして伝わるよりも、より深い経験となります。

言葉を使って伝えることは、どこかに必ず誤解が起こります。私はこれを「ざらつきがある」と表現しています。このざらつきを意識して注意を払うからこそ、誤解が少なくなったり、**誤解が解けたときに和解があります**。そうやってわかり合っていくと、人とのつながりがより深く強くなるのです。

第2章　金脈

お金の流れを良くし、お金がどんどん舞い込む状態になる

純粋なエネルギーであるお金の脈を育てる

お金はそれ自体がエネルギーです。対人関係のエネルギーのやりとりは、相手の持つエネルギーと相互作用があります。お金は純粋に**自分の出すエネルギーが返ってくる**ので、脈を整えやすいともいえます。反面、自分のエネルギーが乱れると顕著にお金の欠乏となって現れます。

純粋なエネルギーであるお金を味方につけるには、コツがあります。エネルギーの滞る原因は、あなたにあります。まずはあなたの中にある、エネルギーの滞る原因を見つめて、解消していきましょう。

お金に対してのブロックは、根深いものがあります。これからお金のブロックについてお話ししていきますので、ブロックを見つめるきっかけとしてください。ブロックを解消し、お金のめぐりを良くするコツもお教えします。

ブロックを外してお金のエネルギーにダイレクトにアクセスできるようになったら、

次に、扱うお金自身のエネルギーの質を高めていきます。お金のエネルギーが高まれば、戻ってくるお金のエネルギーも高くなります。

さらに、お金は循環させないと滞りますので、循環させることを心がけてください。**お金のエネルギーの質を高めていき、循環させる。**そうすると、お金の循環が加速してどんどんお金が巡ってくるようになります。

一般的な金脈の解釈とは少し違うかもしれませんが、これを私は「金脈」と呼んでいます。本章では、金脈を育てるプロセスをお伝えします。

お金に対するブロックを外す

お金は純粋なエネルギーです。それが循環していないのは、私たちがお金に対してブロックを持っているからです。ブロックが、お金の巡りを妨げています。日本人であること、育った環境などから、自覚していないブロックもあります。それらを見つめて、一つひとつお金の思い込みに気づき、外していきましょう。ブロックが外れてくると、「お金はエネルギー」であるということに、腹の底から納得がいくようになります。

お金に関してたくさんの相談を受けてきた経験から、6つのお金のブロックがあることがわかりました。説明しましょう。

ブロック1：「お金の話はしたくない」という思い込み

私たち日本人は、お金の話をするのが苦手です。私は関西の人間なので「このスカート3割引で●円。お買い得！」などと、お金の話をすることもありますが、全般的に日本人はお金の話をしません。

お金の話ばかりすると、周囲に「守銭奴」と思われるのでは、と気にする人もいます。また、家賃やローン、年収について秘密にし、話題にしない人もいます。でも、お金の話をしない、秘密のように扱っていると、お金のもたらす価値を客観的に考えられません。

家賃は、住んでいる場所の価値です。年収は、あなたの労力の価値です。家賃や年収の話をしない人は、それらの数値化ができない状態になっています。**数値化できなければエネルギー量がわかりません。**結果、アンバランスなエネルギーの出し方をしてしまい、うまく循環しなくなります。

仕事のオファーが来たときのことを考えてみてください。「この仕事にいくらの報酬が欲しいですか」と聞かれて、自分の考えている金額を伝えることができますか？自らの価値を数値化することに抵抗を感じ、金額を伝えられない人が多いように思います。自分の時間や労力、提供するものの価値をきちんと数値化し、話題にもできてこそ、その価値に見合ったエネルギーが巡ってきます。

普段から、気軽にお金の話をしてみましょう。「この靴、可愛くて歩きやすい。セールで●円で、ラッキーだった！」「あのカフェのコーヒー、丁寧に淹れてくれて香りもいいから、●円でちょっと高いけれど納得」など、身近なことから話題にしてみてください。諸々の価値を数値化することに慣れていくと、自分の価値も数値化できるようになります。

ブロック2：自己肯定感が低い

自分のことを否定している人は、自己肯定感が低いタイプです。褒められて、反射的に「とんでもない」「私なんてまだまだです」と答えてしまう人ですね。
このような発言は、謙虚に見えても、本当の謙虚ではありません。強いて言えば、**謙虚風**です。褒められると、目立ってしまうように感じてしまうのでしょうか。目立つのがイヤという横並び意識があるのかもしれません。

褒められたことを否定するのは、褒めてくれた相手を否定することです。否定しない方法は、**素直に「ありがとう」と受け取る**こと。
「書類の作り方が丁寧で助かる」「細かいことに気を配ってくれてありがとう」「素早く連絡してくれたから、余計な手間が省けて良かったよ。気が利くね」などと言われたら、「ありがとうございます！」と返せばいいのです。「ありがとう」と言いにくい場合、**「がんばっています！」**と返しても良いでしょう。

素直に評価を受け取れるようになってください。お金は素直な人が好きです。自己肯定感が高まって、素直にいろいろなことを受け取れるようになると、お金にも好かれます。

ブロック３：お金への感謝やリスペクトが不足している

よく「気がつくとお金がなくなっている」という相談を受けます。お金を大切に考えていないから、気がつくとお金がないという状態になるのです。

自分にとって大切なものを考えてみてください。お気に入りの洋服。思い切って買ったジュエリー。学生時代の親友。離れて暮らす家族。家で待っているペット。それらを思い浮かべてみましょう。大切なものが、「気がつくとなくなっている」ということがあるでしょうか。お金も同じです。

何となくお金を使っているから、気がつくとお金がないのです。大切なものは、何となく使うことはしません。お気に入りの服は気合いを入れたデートのときに着ようと考えますし、大切に着ます。

お金も、大切にされると嬉しいし、大切にしてくれる人のところに集まってきます。「何となく」お金を扱うことをやめて、お金に感謝して大切に扱うだけで、お金の巡りが良くなります。

注意していただきたいのは、「大切にする」と「ため込む」は同じではありません。

お気に入りの洋服を、着ないでしまい込むことはないですよね。お金も、もちろんしまい込む必要はありません。

生きたお金の使い方をすることも、お金を大切に扱うことになります。お金を払うときにしぶしぶ払うのでは、生きた使い方にはなりません。

例えば、人が喜ぶプレゼントを選んで、お金を払う。そのプレゼントを、心を込めて渡し、相手の嬉しい顔が見られれば、2倍、3倍にもお金が生きてきます。相手の笑顔で嬉しくなりますし、その嬉しい気持ちをもたらしてくれたお金への感謝を感じるでしょう。喜んでもらえるかな、とワクワクしながらお金を使い、嬉しさが返ってくる。喜びが循環するのです。そうやって良い循環を作っていくと、自然とお金も循環してくるようになります。

ブロック4：漠然としたお金の不安がある

金銭面で将来が不安だという相談を受けることもよくあります。お金の不安には、2つのパターンがあります。

1つは、**お金が出ていくのを極端に嫌がるタイプ**。無駄遣いが嫌いというだけでなく、必要な支出まで渋るのは、ブロックがかかっています。「お金を使わない」ということが、いつの間にか目標になっています。

もう1つは、**収支の計算ができていないタイプ**。将来に不安があるのに、お金の現状を把握することから逃げています。お金を渋りすぎるのも、正確に見つめないのも、ブロックです。お金は正確に計算してください。

節約や貯金がダメだと言っているわけではありません。むしろ、目的のある貯金や必要な資金を得るための節約は、お金を上手に循環させるのに必要な行為です。お金の心配があれば、「こういう生活をしたい」というヴィジョンを明確にしましょう。お金希望の生活にかかるお金を計算して、その金額を目標に貯金したり稼ぎ方を変えたりすればいいのです。

実は、「希望の生活をイメージする」というのは、浄化が進んでいないと意外と難しいものなのです。「憧れの作家の●●さんのような、世界を飛び回るノマド生活」「イケイケの社長のように、毎晩違う女性と出歩く」など、誰かのイメージを元に考えると、本当の自分の希望はわかりませんし、必要な金額も大きく膨らみます。

借り物の希望ではなく、**本当の自分の希望**を見つめてください。本当の希望がわかれば、お金の計算もできるようになり、必要なお金は巡ってきます。

私の生徒さんは、スクールに入ると集中して書き下ろし浄化ワークを行います。浄化が進んでいくと、みなさん自分の希望の生活がわかってきます。そうするといつの間にか、必要なときに必要な金額が動かせるようになっています。「行きたいときに行きたい場所に行ける」「会いたい人に、会いたいときに会いに行ける」人になっているのです。

ブロック5：お金を使うタイミングを間違えている

たいがいの人はお金を使うタイミングを間違えています。タイミングが違うお金の使い方は、お金の巡りを悪くします。

どうしてお金を使うタイミングが合わないのでしょうか？　それは、いろいろなことへの執着がありすぎるからです。執着が、お金を使うタイミングを狂わせるのです。執着を浄化していくと、お金を使うタイミングが合ってきます。

お金を使うタイミングは、**必要なものを買うとき**。もしくは欲しいものを買うときです。お金を使って喜びを得られたら、タイミングが合っているということです。

自分はいつも欲しいものしか買わないという人は、本当にそうかを考えてみてください。買わなくてもよいものを買っていませんか？

「3個セットがお買い得だったから、1個しか必要なかったけれど、セットで買った」「欲しいと思った靴が予算オーバーだったから、1つランクが下の靴を買った」「いつも行くお店でセーターをすすめられたから買った」ということは、往々にしてあります。


その買い物に喜びはありますか？「買いすぎたかも」「本当はあちらの靴が欲しかった」「セーターは十分持っていて、本当はパーカーが欲しかった」……あとからこんなふうにくよくよ考えるのは、迷った買い方です。迷いを乗せて使ったお金は、生きたお金にはなりません。

買おうと思うときに、喜びがあまり湧かない場合は、いったんその場を離れましょう。「お買い得につられていないか」「予算オーバーなら、お金が貯まるまで待つことができるか」「店員さんに断るのは悪いけど、本当にそのセーターが欲しいのか」と、自分に問いかけるチャンスを設けましょう。少し休んで冷静に考えて、それでも欲しいと思えたら、スパッと買えば良いのです。

「本当に欲しい」ものを手に入れると満足します。満足感の高い買い物が、良い買い物です。満足感が得られない買い物は、迷いがある買い物であり、お金の循環を妨げてしまいます。

迷ったらいったん休む。本当に欲しい物だけを買う。というクセをつけていけば、買うタイミングが合ってきます。そうすると不思議ですが、お金が巡ってくるようになるのです。

ブロック６：物欲がありすぎる

何でも欲しくなってしまう人がいます。「ピンときて買った」「目に入ると欲しくなる」という人ですね。物欲がありすぎるのです。私は、欲は人に必要だと考えています。欲は行動のガソリンですから。けれども、行きすぎた欲はエネルギーの循環を妨げてしまいます。

物自体が好き、という人はもちろんいます。特定の物が好きな人もいます。スニーカーが好きで、気に入った型を見つけるとすぐに買ってしまう人や、食器に目がなくて、休日は雑貨店で食器を見て回る人など、あなたの周囲にもいるでしょう。

健全な物欲と、過度の物欲の見分け方は、手に入れたあとに満足しているかどうかです。家に帰ってニヤニヤしながら買ったスニーカーを眺めている。ウキウキと買ったばかりの食器を晩ご飯で早速使ってみる。こんなふうに楽しくなる買い物は、健全な物欲の現れであり、お金も使われて喜んでいます。

けれども、買ったあとに「どうしてこんなに買ってしまったのだろう」と後悔したり、買ったものを見ないで棚に放り込んでしまうのであれば、**物欲の裏側に違う欲がありま す**。イライラしたり、悲しさや寂しさを埋めるために、買い物をしたりしている場合もあります。

また、自分で自分を認めることができずに、買い物で承認欲求を満たしているのかもしれません。店員さんにチヤホヤされたり、お金をたくさん使ったり、人よりいいものを買ったりすることで、認められた気になるのです。

浄化が進めば過度の買い物欲は抑えられていきます。ただし、買い物への依存が消えにくい人もいます。なかなか買い物欲が止まらない場合は、周囲に助けてもらいましょう。

目につく物を何でも買ってしまう人は、日用品や食料など決まった買い物は家族に頼んで、お店に行く回数を減らしてみてください。友だちに会うときは、「買い物しそうになったら止めてね」とお願いしてみましょう。

自分の物欲が変かもしれないと思っても、人に助けを求められないタイプは、**プライドが高くて、強くブロックがかかっています**。書き下ろし浄化ワークで浄化を進めていけば、素直に人に助けを求めることができます。

お金のブロックを認めよう

お金の巡りが良くないこと自体、あなたにお金のブロックがある証拠です。まずは、**お金のブロックを自分で認めてください**。ブロックを自分で認めることができれば、浄化することもできます。自分で認めないうちは、いつまでもあなたの心にこびりつき、エネルギーの循環を妨げてしまいます。

それから、自分はお金が欲しいと思っていることを認めましょう。お金なんて欲しくないとか、お金に無頓着なふりをしている人は、それだけでお金は回ってきません。お金はエネルギーですから、**必要であり欲しいと思うのは自然なこと**です。自分の欲望を素直に認めることが大切です。

「お金より大切なものがある」と、お金が欲しい気持ちに蓋をしている人もいますが、お金より大切なものがあっても、お金が大切なことに変わりはありません。一番目に大切でないからといって、ないがしろにしてはいけないのです（恋人が一番大切だからといって、友だちをないがしろにはしないでしょう）。

スピリチュアルな感覚が強い人で、お金に無頓着だったり、お金にこだわらないことを信条にしている人もいます。「お金に頼らなくても生きていける」「人のために尽くしたいから、稼げるお金の大小にはこだわらない」というタイプですね。こういう気持ちを持ち続けると、お金に苦労しがちになります。

お金の大切さをきちんと認めれば、お金というエネルギーが循環してくれます。循環してきたお金を人のために使うという風に考えれば、お金のエネルギーの循環を楽しめるようになるでしょう。

お金のエネルギーを知る

お金は、「地」のエネルギーです。陰陽説に当てはめると、天は陽のエネルギー、地は陰のエネルギーです。陰は、「悪いもの」ではありません。陰陽説によると、すべての森羅万象が陰と陽に分けられます。夜と昼、女性と男性、寒と暖。どちらもいい悪いはありません。陰は「大きい」「冷たい」「湿気」「実態のある物質」。**お金にはこういった陰の性質があります。**その性質を知ることが、お金のエネルギーを理解するうえで大切です。

お金の陰のエネルギーを扱うためには、次の3つのことに注意しましょう。

1：お金には力がある

お金には力がある、と認めましょう。そこからお金とのつき合いが始まります。お金の持つ陰のエネルギー、「大きさ」や「重たさ」を認めるのです。重いものを運ぶときは、重さを確認して台車を用意するとか、手伝いを呼ぶとか用意をしますよね。

重さをきちんと認識しないと、運べません。お金も重いものと同じです。力があると認めることによって、扱えるようになるのです。

２：お金のことは自己責任

「お金のことは、いいことも悪いことも自己責任」と心得てください。すすめられた投資をしたら、損をしてしまった。そんなときに、すすめた人を責めるのはやめましょう。その投資をすると選択したのは、あなたです。騙されていたかもしれません。でも騙されたのは、お金について勉強することを怠っていた、あなたの責任なのです。

自己責任であることを踏まえて、しっかりとお金について勉強してください。

３：お金はシンプル

陰のエネルギーを扱ううえでいちばん大切なのは、「お金はシンプル」と理解することです。お金は単純に計算できます。足し算、引き算、掛け算、割り算でカウントできるのです。１００円のトマトを３つ買ったら３００円。家賃が月15万円であれば、１年で１８０万円かかります。

いつもお金に困っているという場合、収入と支出のバランスがとれていないことがほとんどです。**収入も支出も足し算、引き算、掛け算、割り算ができれば、算出できます**。この計算ができない場合、余計な気持ちが乗っています。それらを外して、お金はシンプルだと理解してください。

もう1つ、お金は社会を循環しています。私たちの体の血液と同じです。ぐるぐると巡る性質があります。お金は循環するものなのだ、とシンプルに理解してください。お金をスムーズに循環させることを心がければ、やがて金脈も育っていきます。

お金のエネルギーを高める

浄化が進んでブロックが外れてきたら、お金のエネルギーを高めていきましょう。お金のエネルギーを高めるには、良いエネルギーを乗せたお金の元（私は「お金の種」と呼んでいます）を作ります。

良いお金の種は、一朝一夕で作れるものではありません。コツコツと働いたり大切に貯めたりしたお金には、お金を大切に思う良いエネルギーが乗っています。これが、良いお金の種です。

ぼんやりと過ごしていては、お金の種は作れません。コツは、「お金を大切に思い、コツコツと行動する」こと。あなたが会社員であれば、毎月のお給料と、そのお給料をもたらす仕事が「お金の種」です。自営業であれば、稼いだお金と、そのお金を運んでくれたお客様が「お金の種」です。

目的を持って大切に貯めたお金も「お金の種」です。会社員であれば、お給料だけでなく仕事自体を「お金の種」ととらえて、大切にコツコツと働きましょう。コツコツと工夫して働いていくと、会社に利益をもたらすようになります。

あなたの働きと会社の利益が、循環していくのです。これが「お金の種」が育っているということ。こうしてお金の種を育てていくと、会社でのあなたの評価が上がったり、さらなる仕事を任されたりと大きなお金の脈につながっていきます。

お金の種を作り、大切に**コツコツとお金の種を扱っていく**と、良いエネルギーがお金に乗っていきます。プラスのエネルギーをお金に乗せることで、より大きくお金が循環する金脈につながっていきます。

金運を育てるには

せっかくのお金の種も、貯めっぱなしでは循環しません。この質の良いお金の種を大切にしつつ、使うときは良い気持ちを乗せて、きっぱりと払いましょう。

払うは祓うにつながります。しぶしぶ払っては、祓うことにはなりませんし、しぶしぶな気持ちが乗ったエネルギーの流れになります。それでは良い循環にはなりません。払うときは、感謝の気持ちを乗せて早くきっぱりと払う。そうすると、良い循環に乗ったお金は、何倍にもなって戻ってきてくれます。

スピリチュアルな話題の1つに、「お金に感謝しましょう」というのがあります。例えば、お金に向かって「ありがとう」と言うと金運が上がる、というような話ですね。

これは、口先だけでは効果がありません。心の垢を落として、「お金ってありがたい」「お金が払える今の状況が嬉しい」と腹の底から思えて初めて、お金にプラスの気持ちが乗っていきます。そうすると、金脈が育っていくのです。

金脈と金運は、別物です。金脈は「インフラ」のようなもの。建物であれば水道管やガス管、体であれば血管というところでしょうか。目詰まりなく順調に流れていれば、私たちは安心して生きていけます。

金運は、**金脈に振りかけるレバレッジ**のようなもの。金脈が順調に流れている人が、さらなる大きな循環を目指して金運を使っていくのです。

金運を育てるには、勝ち運を育てることが必要です。勝ち運というと、競馬などのギャンブルに勝つというイメージを持つ人もいるでしょう。けれども、勝ち運は、ギャンブルに勝ったり人との争いに勝つための運ではありません。自分自身に勝つための運です。辛いことがあっても、くじけない気持ちを持つ。行動する気持ちの炎を燃やし続ける。自分の心に勝ち続けて、金運を呼び込むのです。

ピンチに強くなりましょう。私自身も、ピンチを乗り越えると金脈が太くなり、金運が上がることを実感しています。ピンチと思われる状況になったら、「乗り越えて金脈を太くするチャンスが来た！」くらいの強い気持ちで乗り切りましょう。自分に勝つことができれば、必ず金脈が太くなり、お金の巡りが良くなっていきます。

お金は陰のエネルギーですから、動かないでじっとしていたい。それを動かして循環させるには、**リズミカルに動かす**ことが大切です。お金の種を作って、金脈を育てる。金脈に金運を振りかけて、お金を動かす。

循環してきたお金に、金運を振りかけて動かしていく、というリズムを作っていきましょう。サイクルができてお金が機嫌良くリズムに乗るようになると、何倍にもなって戻ってきます。

金運が育つ８つのアクション

金運を育てるには、とにかく浄化をするしかありません。浄化をして、エネルギーの流れを良くしていきます。そして、陰の性質であるお金のエネルギーの流れを良くするには、具体的にアクションを起こすと効果があります。

金運が育つアクションを8つ、お教えします。

1：書き下ろし浄化ワークを行う

まずは、浄化です。第1部・第2章の書き下ろし浄化ワークをひたすら行ってください。心の垢は、厚く溜まっています。幼い頃に傷ついたことなど、深く掘り下げることで垢の元がわかってきます。心の垢を取り除かない限り、衝動買いは止まりませんし、金脈が太くなることはありません。

2：1日1回、財布を整理する

お財布は、金運をアップさせる重要なアイテムです。寝る前など時間を決めて、毎日財布の中身を出して整理すると、お金が引き寄せられてきます。いつも財布の中がきれいな状態であれば、お金は喜びます。またお金を出して戻すという行為自体が循環を表しています。

お財布の形は、紙幣が休めるように長財布にしてください。レシートなどでパンパンになったお財布は、お金が落ち着かないもの。ショップカードなどは別のカード入れに分け、余計なものは入れないようにしましょう。

お財布に入れる金額の上限を決めるのも、おすすめです。お財布に多額の紙幣を入れている人もいますが、お財布は本来、お金の一時的な居場所。

紙幣やコインは貯金箱など長期の居場所でしっかりと休んでもらいましょう。お財布はあくまでも仮の場所なので多額の金額を入れる必要はありません。

3：毎日、少額の貯金をする

ただ漠然と「お金持ちになりたい」と思うだけでは、お金は貯まりません。とにかく、アクションを起こしましょう。お財布の整理のついでに、コインを貯金箱や封筒に貯めるのはおすすめです。続けるうちに貯めグセがつきますし、少しずつでもお金が増えると、達成感が味わえます。

4：「おすそわけ」でお金を循環させる

感謝の気持ちを感じたときは、お礼の品をおすそわけしましょう。相手がお返しの心配をしなくていい、ペットボトルのお茶などでOKです。必ず自分のお金で買ったものを渡してください。その際に、見返りは期待しないこと。おすそわけの習慣ができると、自然とどこからかお金や人脈が循環して返ってきます。

5：貯めたい金額は目につくところに表示する

目的意識があると、循環が加速します。お金を貯めたいと思ったら、「いつまでに」「何のために」「いくら欲しい」を書き出してください。紙に書いて貼っても良いですし、スマートフォンに記録して、いつでも見られるようにするのも良いでしょう。待ち受け画面にすれば、スマートフォンを開くたびに目につくので、常に目的意識を持ち続けられます。

6：金額を決めて、自分へのごほうびを買う

自分へのごほうびは、楽しみでもありますし、ごほうびのためにがんばってお金を貯めようとかお金を稼ごうという活力にもなります。とはいえ、うっかり高価なものを買って罪悪感を持つと、お金が喜びません。

自分へのごほうびの金額を決めておけば、後悔せずに愛を持ってお金が使えます。月ごとの金額を決めて、その金額に達するまでは好きなものを買ってもいい、というルールも良いでしょう。楽しんでごほうびを買ってください。

7：プレゼントは相手の望むものを買う

人へのプレゼントは、悩むもの。基本的に、相手に喜んでほしくてプレゼントするわけですから、思い切って何が欲しいか相手に聞いてみましょう。もらって嬉しいものであれば相手も大切に思ってくれますし、こちらも、喜んでもらえるものを買ったという満足感が得られます。ポジティブな気持ちが共有できて、良い循環が生まれるのです。

8：ゲン担ぎをする

ゲン担ぎは大切です。縁起の良い日は、宇宙のエネルギーが循環している日でもあるので、エネルギーであるお金を循環させるのにぴったりなのです。特に、車や不動産など、大きな買い物は必ずゲン担ぎをしましょう。和暦を調べて、「天赦日（てんしゃにち）」や「良縁日」に買うようにしてください。お財布は、「一粒万倍日（いちりゅうまんばいび）」や「寅の日」に買うのがおすすめです。また、「毎月1日には氏神様にお参りする」「巳の日には弁財天様にお参りする」「金運に強い神社仏閣にお参りする」などの、ゲン担ぎを習慣にすると金運が上がります。

金運がないと感じたら

　金運が落ちてきたなと感じたら、**人脈、金脈がきちんと整っているか**を見つめてください。お金のブロックは外れていますか？　浄化をきちんとしていますか？　心の垢はいつの間にか溜まってしまいます。ブロックがあって心の垢が溜まるほど、金脈は流れにくくなります。常に書き下ろし浄化ワークをすることを心がけてください。

　また、金運を育てようと思うのであれば、お金をもらうばかりでなく、ばらまいてください。人や社会のためにお金を使ったり、神社仏閣に寄進やお賽銭で還元したり、好きな人と楽しい時間を過ごすためにお金を払ってください。ばらまいて、戻ってきたら金運を振りかけて、またばらまく。そうして循環させていくと、金運は目減りせず大きく育っていきます。

　とはいっても、手持ちの資金が減ってくると焦る気持ちが出てきて、ばらまくことにためらいもでてくるでしょう。お金の巡りが悪いときに、金運を上げるコツを5つお教えします。

1：ケチらない

損得を考えすぎたり、自分の利益しか考えなくなったら注意が必要です。自己中心的なケチになってしまっては、金運は育ちません。お金を計算することは必要ですが、払うべきときにケチ心を出すと金運が下がります。ギリギリまで税金を払わなかったり、借りたお金をしぶしぶ払ったりするのは、金運が下がる行動です。「払いは祓い」と心得て、支払いを早め早めに行うと、金運が戻ってきます。

2：タイミングを間違えない

私たちの世界は、タイミングに溢れています。タイミングが合ってくると、連絡しようと思った相手から電話がかかってくるなど、シンクロニシティが起こってきます。タイミングが合うのは、脈が整ってきた証拠。もちろん、金脈もしっかりと育っています。逆にタイミングが合わなくなったら、脈が整わなくなったということです。脈を整え直してください。

なかなかタイミングが合わないときは、**早めの行動**を心がけます。朝早く起きるようにする、できる準備は早めにしておく。早め早めに動いていくと、タイミングが合って脈が整ってきます。

3：金運が良かったときと同じ行動をする

金運が落ちたなと思ったら、金運が良かったときのことを思い出しましょう。何かポイントがあるはずです。そのときの行動が金運を上げていたのですから、同じように行動することでまた金運を上げることができます。

パワースポットや神社仏閣に行ったかもしれません。お財布を新調したことが、金運を呼び寄せたのかもしれません。家族や友人に、お礼の気持ちを込めてご馳走したのが、良かったのかもしれません。そのときの行動があなた流の金運アップの方法。自分なりの方法を思い出して、行動してみてください。

4：人のためにお金を使う

人のためにお金を使うのは、金運が大きく上がるアクションです。誰かのためにお金を使うことを心がけると、ぐっと金運が上がっていきます。家族や友人のために使ったり、応援するアーティストの作品を買ったり、クラウドファンディングに参加するのも良いでしょう。

金脈が滞って金運が落ちてくると、手元のお金がみるみるうちに少なくなります。少ない手元のお金から人のために支出するのは、気がすすまないかもしれません。しかし、そういうときこそがんばって人のためにお金を使うと、金運が上がっていきます。少額でも大丈夫。金運が育つ8つのアクション・4の『おすそわけ』でお金を循環させる」を思い出してください。ちょっとしたお菓子を人にプレゼントしてみましょう。また、小銭を神社仏閣のお賽銭にしたり、寄付したりするのもおすすめです（コンビニエンスストアのレジ付近に小銭を寄付できる箱がありますから、気軽に寄付をしてみてください）。

5：心の余裕を持つ

金運が下がっているときは、気持ちの余裕もなくなりがちです。そういうときこそ、心に余裕を持ってどーんと構えましょう。心の余裕がないということは、自分に負けているということです。**自分の心に勝っていく**と、金運は上がってきます。ピンチのときにもジタバタしない強い心を持つことで、金運を引き寄せることができます。

第3章

時脈

タイミングが合い、
行動が早くなり、結果が出やすくなる

時脈が整うと、シンクロニシティが起こりやすい

人脈、金脈はときどき耳にすることがあると思いますが、「時脈」は、聞いたことがない言葉でしょう。時脈は、時の流れの脈。時間の流れ、タイミングには、大きなエネルギーが関与しています。

時間のエネルギーを取り込み、良いタイミングで必要なことが巡ってくるようになるのが、時脈が整ってきたということです。**シンクロニシティ**（意味のある偶然の一致）は、時脈が整うと起こりやすくなります。

人脈、金脈が整ってくると、エネルギー循環が良くなってきます。人とのエネルギーとお金のエネルギーが順調に流れると、何が起こるのでしょうか。時脈が整い、時間の流れが格段に良くなるのです。

逆にいうと、人脈、金脈が整っていないと、良い情報がタイミング良くもたらされ

ても、その情報を活用することができません。みなさんの周囲にもいるでしょう。相性の良さそうな人のいる食事会があるのに参加できなくて、結局、人との縁がつながらない人。希望に合う仕事のオファーがあったのに、ほかの仕事と天秤にかけている間にオファーがなくなってしまう人。

傍から見ていると「あの人、タイミングを逃してもったいないな」と思うようなケースですね。これは、人脈、金脈の流れが滞っていて、時脈が整っていないのです。

反対に時脈が整うと、細かいことから大きなことまで、タイミングが合うようになります。時間の流れが良くなると、時短で大きな成果が得られるようになります。有限である時間という財産を、何倍にも使うことができるのです。

時脈が合ってきたというのは、すぐにわかります。信号を待たずに渡れる。電車の乗り換えがスムーズにいく。駐車場の空きスペースがすぐに見つかる、といったことが次々に起こり始めるからです。

電話をしようと思っていた相手から、電話がくることもあります。懐かしい人と駅やカフェでばったり会うことも多いですね。

シンクロニシティを体験することも多くなります。初めて会う相手と、お財布が同じブランドだったり、出身高校が同じだったり、好きなキャラクターが同じだったり。私は、知り合いの家に行ったら、その家のソファーが、昔、自分が持っていたものと同じで、シンクロニシティを感じたことがあります。友人や同僚と同じ柄の服を着ていたり、同じ色を身に着けていることもあります。

ビジネス上でも、時間の流れが良くなります。ミーティングがスムーズに終わり、次のミーティングの準備の時間ができる。訪問先のビルがすぐに見つかる。待ち合わせに早く行ったら、相手も早く来ていて、早め早めに話が進む……。このようにスムーズだな、流れがいいなと感じることが多くなります。

ビジネス上でもプライベートでも、突然のお誘いが増えてきます。この時期のお誘いは、ピンときたり時間が合ったりすれば、ぜひ乗ってみてください。人数合わせのようないきなりのお誘いでも、タイミングが合えば行ってみましょう。新たな人とつながったり、有益な情報が得られたりすることもあります。

とはいえ「今夜の会合は急すぎて行けない」と、お誘いに乗れないときもあるでしょう。でも「行かないとチャンスを逃すのかな……」とクヨクヨしなくて大丈夫。時脈が合ってくると、自然とチャンスにつながるお誘いのときは、時間が空いているようになります。

ゾロ目の数字はサイン

目につく数字がゾロ目だった。時脈が整ってくると、これもよく起こるようになります。ふとスマホを見たら、11：11。前を走る車のナンバーが８８８８。レシートの印字番号や、請求書の番号など、数字が妙にゾロ目になってきます。数字がそろうのは、確実に時脈が合ってきているサインです。

数字には意味があります。ゾロ目を見たら、数字の意味にも思いを馳せてください。12や１２３などの2桁や3桁の数字は、各桁の数字を足して１桁の数字にして、メッセージと考えても良いでしょう。

また、それは何に表れた数字でしょうか。表れ方によって、教えてくれるメッセージが違います。レシートのゾロ目は、金脈に関係します。時計のゾロ目は、タイミングを教えてくれています。車のナンバーは、自分の進む道、すなわち未来についてのメッセージです。基本的には、1～9、11、22、33を見たらサインと思ってください。
各数字の意味を簡単に解説しますので、心に留めておいてください。ただし、数字が合うと嬉しいのはわかりますが、ゾロ目を狙ってその時間にわざわざスマホを見た場合は、時脈のサインとはなりません。ゾロ目を意識してしょっちゅうスマホを見るのは、かえって時間の無駄です。

数字の持つ意味：1

すべての始まりの数字です。唯一絶対の存在。神。自我。人間の意志力。男性原理などを表します。行動力や指導力、何かに向かう突進、推進力を暗示しています。また、すべてをまとめるという意味で、統一や統合の性質も持っています。

〈特徴〉
始まり、独立、革新、男性原理、リーダーシップ、戦いに勝つ、発想力、主体性、独立、個人主義、好戦的、独創的、自己主義、支配的、自己中心的、ファイヤー（エネルギーと力）

数字の持つ意味：2

2は、二元論の基となる数字。1つだったものが2つに分かれ、男と女、光と闇、善と悪、陽と陰など、相反する異なる2極が生じることを示しています。1の能動的で突き進む男性原理に対して、2は受動的性格で、包容力やバランスを保とうとする女性原理を示しています。

〈特徴〉

調和、結合、人間関係、協力、女性原理、友達になる、仲直りする、協調性が高まる、理解、適合性、穏やか、受容的、慎重、共同、温厚、思いやり、芸術、ウォーター

〈感情と情緒〉

数字の持つ意味：3

3は、創造活動の展開の数字。調和、安定、三位一体、三種の神器など、3点を結ぶことで安定し、その中で変化の可能性を内在しています。プラスとマイナスに加えて、第3の動きがあってはじめて現実的な創造活動がスタートします。シンボルは三角形。裏の意味としては、破壊や混沌、セックスや男性性を暗示しています。

〈特徴〉

真実を語る、イマジネーション、楽観主義、陽気、クリエイティブな表現、明るくなる、創造性を高める、人気者になる、自己表現、知的、話し好き、社交的、教養のある、多様性、ドラマチック、表現する、ファイヤー（力とエネルギー）

数字の持つ意味：4

4は物質世界の誕生。東西南北の四方位、四元素（火、風、水、土）、四季、人の感情（喜怒哀楽）など、現実世界を創造する基礎となる数字。起承転結など「完全」「安定」を象徴する数であるとともに、裏の意味では頑固、停滞も。シンボルは四角、十字、卍（まんじ）など。

〈特徴〉

建設する、形づくる、ハードワーク、持久力、真面目、現実的、集中力を高める、勤勉になる、安定、堅固、安全、保守的、構造、システム、堅実、客観性、制限、秩序、プロセス、エアー（精神と知性）

数字の持つ意味：5

5は変化と自由、行動力、直観力などを象徴する数字。人間は五感を持ち、五感から成り、5本の指を持っています。2の女性性と3の男性性が統合された、人間そのものを表す数字とされています。シンボルは五角形や五芒星。神秘的な呪力や霊感なども暗示します。

〈特徴〉
変化、移行、進歩的な考え、機知に富む、自由、多才、増進、器用になる、個性的になる、セクシーになる、拡大、冒険、推進、ヴィジョン、成長、進化、好奇心、活発、発展的な自由、知的、エアー（思考と精神）

数字の持つ意味：6

6は調和とバランス、美と創造を象徴する「愛」の数字。3の倍数であることから、創造のエネルギーの統合、つまり男と女、精神と肉体、物質と心など相反する2つのものの完全な調和を暗示しています。シンボルは三角形が2つ重なった六芒星や六角形、籠目紋（かごめもん）。

〈特徴〉
バランス、育てる、奉仕、責任と義務、家族の力、結婚と別れの数、家庭と仕事の問題、優しくなる、創造性を高める、家庭的になる、ハーモニー、正義、愛、共感、ア

ート、象徴、同情、アース（実践と現実性）

数字の持つ意味：7

7は一つの終わりを示す数字。完了、完全調和の数です。東西を問わず、7は古代から祝福、勝利を暗示していたといわれています。カレンダーの曜日、虹の色、人間のチャクラの数など、3の創造原理と4の物質原理を内包する完成の数字。シンボルは、七芒星、七角形。

〈特徴〉

分析、リサーチ、科学、テクノロジー、孤独、英知、スピリチュアルな力、調査、神秘主義的、形而上学的、記憶力増強、探究心を高める、超能力の開発、直感、哲学的、静穏、内省的、理解、インスピレーション、独立、ウォーター（沈思と内的感情）

数字の持つ意味：8

8は物質と精神の二面性の統合、「均衡」や「繁栄」を象徴しています。基礎を表す4の倍数であることから、意志力、組織力、権力など物質世界でのバランスを暗示しています。8は横に倒すと「∞（無限大）」の記号にもなることから、大きなパワーを秘めていますが、そのぶん、分裂の可能性も内包している扱いが難しい数字です。シンボルは四角を2つ重ねた形。

〈特徴〉

権威、力、ビジネス、成功、物質的価値、組織、自己制御、利益を得る、積極的になる、トラブルの解決、野心、生産、マネー、満足、権力、忠誠、物質的豊かさ、アース（手順と実践）

数字の持つ意味：9

9はこの世とあの世を含めた宇宙全体の完結を表す数字。人生の重要なサイクルを表す9年周期を暗示します。1～9までの最後の単数である9は、すべての数字を含んだ完成・調和の数。神秘能力や隠された真理、宇宙の意識などを暗示しているといわれています。シンボルは三角形を3つ重ねた形。

〈特徴〉

終わり、ヴィジョン、寛大、変容、スピリチュアル意識、宇宙、教え、全体性意識、完全性、共感力を高める、芸術的になる、公平になる、完成、無私無欲、慈善、忍耐、カリスマ、巨視、人道的、ファイヤー（直感とひらめき）

数字の持つ意味：11

11は一桁ずつ足すと2にもなりますが、特別な意味を持つ数字（マスターナンバー）として扱います。「革命」や「革新」を象徴する数字です。十一面観音などにみられるように、天と地の結合、大宇宙と小宇宙の共鳴、精神性の向上など、メッセージ性の強い精神的な概念を暗示しています。

〈特徴〉

光明、天啓、直感力、改良、メッセンジャー、ひらめき、啓蒙

数字の持つ意味：22

22は11と同様、特殊な数字（マスターナンバー）の1つです。1桁ずつ足すと4になる、「時間」と「空間」のすべてを象徴する数。タロットは22枚のカードで「宇宙の理」を表すと考えられていますが、22は大いなる霊性や、物事の完全な完成、無限大の至福、永遠の魂など、スケールの大きい概念を暗示しています。

〈特徴〉

ヴィジョン、建築、建設的、博愛主義者、計画性、気づき

数字の持つ意味：33

33は三十三観音に象徴されるように、菩薩の域を暗示する数字。33の持つ波動があまりに高いため、この数字は一般的な常識では図れず、理解されにくいとされる神聖で特殊な数字です。１つずつ足すと6であり、普遍的な愛の拡大を暗示しています。

タイミングが合ってきたと感じたら

物事のタイミングが合っているな、と感じることが多くなってきたら、時脈が整ってきたサインです。このとき、「わー！　ラッキーが続く」と、それだけを喜んではいけません。時脈は、行動のタイミングを教えてくれています。ここで**大きく行動を起こす**と、よりエネルギーが循環しやすくなります。

浄化が進んでくると、曇りのないエネルギーが出てくるようになります。純度の高いエネルギーにアクションをかけ合わせると、何倍にもなって返ってきます。逆に行動を起こさない場合、せっかくのチャンスを逃していることになります。

宇宙のエネルギーにも、地球のエネルギーにも、私たちのエネルギーにも波があります。時脈は、このエネルギーの波を教えてくれます。「波に乗る」という表現がありますよね。よく「あの人最近乗っているよね」と言われたりしますが、時脈はこの波を教えてくれています。ですから波が来たら、その波に乗って行動してください。行動を起こすと、さらに大きなエネルギーの流れを作ることができます。

波ですから、いつも上り調子ではありません。宇宙のリズムは円を描くようなバイオリズムがあります。そのリズムは、寄せては返す波のよう。上げ潮になったときに行動する。下げ潮のときには、休んで力を蓄え、様子をみる。

いつもエネルギー満タンで、アクティブに動いていては、宇宙のリズムとも自分の体のリズムとも合わなくなります。時脈が合ってきたら行動し、少しずれてきたらひと呼吸おいて、次の波を待ちましょう。

引き寄せを起こす8つのルール

「引き寄せ」も、時脈が整ってきたサインです。引き寄せは、誰でも起こすことができます。特別な人だけに起こる現象ではありませんん。ですが、浄化があまり進んでいない場合、引き寄せを起こしても、自分の近くに寄せることができません。

自分に必要な人物が現れても、なかなか予定が合わず、会うのに時間がかかる、欲しい物を買うのに、お店が閉まっていて出直す羽目になる。

そんなふうに自分の元に引き寄せるのに、時間がかかったり、距離が遠かったりします。引き寄せは起きているのですが、離れたところで現象が起こっているのです。これは一歩手前の引き寄せ。意識や行動でダイレクトに引き寄せるまで、もう一歩です。

浄化を進めると、少しずつ的確な引き寄せが起こってきますが、さらに引き寄せを近づけるための行動指針をお教えします。次の８つのルールを心がければ、引き寄せが**より近くに、よりダイレクトに**起こるようになります。

ルール１：素直になる

まずは素直になってください。これが一番、大切なことです。「素直になる」というのは、実はたいへん難しいこと。「私って素直だから、何でも信じてしまう」など、本来と違うニュアンスで「素直」を使う人がいます。この場合の素直は、「素直になっているつもり」「考えなし」です。考えるのが面倒くさい＝考えない＝素直、ではただの面倒くさがり屋です。

素直の「素」の語源は、手を加えていない状態の糸のこと。よりあわせていない糸なのです。素直というのは、手を加えていない自分に立ち返り、その自分に歪むことなく真っ直ぐになるということです。まずは今まで説明した心の垢を、１枚１枚剥がしていく必要があります。面倒くさがっては、心の垢はとれません。

残念ながら、人はいきなり素直にはなれません。心の垢を剥（は）がしながら、今までの自分は、ひねくれていたなとか、何でも人のせいにしていたなとか気づきがあると思います。このような気づきが出てくることが、素直になってきている証拠です。

本来の自分の心持ちとは違う行動をとっているということがわかる。これは、本来の自分が見え始めているからなのです。気づきが出てくると、自分は何をしてきたんだろうと、落ち込むかもしれません。けれども、過去は過去。今この瞬間も、自分に立ち返り続けて、素直になっていってください。

ルール2：コツコツとやる

コツコツとやることも、必要です。私が常々、「コツコツとお金の種を作るように」「コツコツと物事を進めるように」と言い続けているので、周りから「あゆこさんはコツコツ好き」と言われてしまいました。

もともと私は、コツコツ積み重ねていくのが好きというわけではありません。霊的な力を持つ人には典型的な、せっかちで地味な作業は苦手なタイプです。

けれども、ビジネス上で行き詰まったときに、初心に戻ってコツコツとビジネスを積み上げたり、人間関係でつまずいたときに一からじっくりとコミュニケーションをとっていくと、あるときからダイナミックにエネルギーが回り始めるのを感じます。

勉強も同じですよね。カンニングで一番が取れても、一番の実力があるわけではありません。1つずつ勉強していくことで、一番になる学力を獲得できるのです。

「ビジネスで3カ月後に、一定の結果を出したい」「半年後には結婚話が出て、1年以内に結婚できる相手を見つけたい」など、ハッキリとした目標がある場合は、逆算してコツコツとした行動を積み上げやすいと思います。逆算して無理だとわかれば、目標を修正したり、期日を再設定したりすることもできます。

しかし、みんながみんな、ハッキリした目標があるわけではありません。むしろ、「目標を持たなくては」「夢を見つけなくては」「これから先、何がしたいかわからない」という人のほうが多いでしょう。こういう場合も、コツコツが大切です。

「好きなことを探す」「自分がしたいことの手がかりを探す」ことも良いですが、今やりたいことが見つからなければ、**身の回りのことを丁寧に**コツコツと行ってください。職場の人や家族との日々のコミュニケーションを丁寧に行いましょう。

生活の中で、おざなりにしていることはありませんか。いつか片付けようと思っていたクローゼット。汚れが気になるカーテン。ボタンのとれたシャツ。溜まっている銀行からのお知らせや、役所の手続き。登録し直さなくてはいけないアプリ。こちらから連絡するといって、連絡していない知り合い……。

これらの宿題を、一つひとつコツコツとこなしていってください。気がつけば、自分の行うべきことがハッキリしてきますし、脈が整って引き寄せが起こってきます。

ルール3：言葉にして口に出す

言葉にして口に出すことは、行動の第一歩です。自分の頭の中で思っているだけでは、出すエネルギーとしては弱い。自分の気持ちをはっきりと言葉としてとらえ、口に出すことが、行動へと結びつくのです。ぼんやりとした望みでも、とにかく言葉にしましょう。

「お金持ちになりたいなあ」「素敵な彼氏ができたらいいな」「娘が一流大学に入ったらいいな」など言ってみてください。口に出すことで「どのぐらいのお金があればいいんだろう」と考えるきっかけになりますし、「お金があると嬉しい」というエネルギーを出すことができます。

願望は、具体的であればあるほど引き寄せを起こしやすいのですから、口に出して言い、願望内容を具体的にして、また言葉にする、ということを繰り返していけば引き寄せは起こりやすくなります。

ルール4：態度で表現する

できるだけ、態度に気持ちを出していきましょう。言葉にしただけで満足してはいけません。好きだとか、やりたい、ということを態度・行動に表していってください。

社内で、「このチームで大きい仕事をやろうね！」と口に出したら、チームで仲良くやっていきたいということを常々態度でも表すとか、プロジェクトを組んで大きい仕事への足がかりを作るとか、アクションを起こしていきましょう。純粋な気持ちにアクションが乗ると、引き寄せが起こりやすくなります。

ルール5：書き下ろし浄化ワークを作業として行う

ここまで本書を読み進めてきたあなたは、すでに書き下ろし浄化ワークを試していると思います。ワークを行うとわかると思うのですが、書くだけの簡単なことなのに、紙に向かうのが辛いときもあります。

言葉にして書くことで、自分が見えてしまうからです。辛いときに気持ちを入れすぎると、くじけてしまいます。淡々と、作業だと割り切って書き下ろし浄化ワークを行ってください。

ルーティン化して、日常生活に取り入れると良いでしょう。寝る前に20分と決めて何か書いてみる。朝30分早く起きて、書いてみる。「自分ってこんなことを考えていたんだ」と、気づきがあるのは良いですが、そこを掘りすぎると時間もかかりますし、書き下ろす気力がなくなる場合もあります。書いて破る。書いて破る。これを作業として行ってください。

だんだん浄化が進んでいけば、掘り出すタイミングがきますから、それまでは宿題をこなすような気持ちで淡々と書き下ろし浄化ワークを行ってください。

ルール6：思いきり泣く

最後にあなたが思いきり泣いたのは、いつでしょうか？　悲しい映画を観たとき。友人の親が亡くなって、友人が落ち込んでいるとき。親しい人が辛い思いをしているとき。友人が亡くなったとき。失恋したとき。人間関係がうまくいかず、行き詰まったとき。悲しい思いをしているときに、優しい言葉をかけられたとき。

どんなときに泣いたのでしょうか？　自分ごとで泣いていますか？　ほかの人の気持ちを思いやって泣いていますか？

大人になると、なかなか思いっきり泣くことができません。小さい頃を思い出してください。〇〇ちゃんが今日遊んでくれなかった、というだけで大泣きしました。転んで膝を擦りむいても、欲しいおもちゃを買ってもらえなくても、びゃーっと泣きましたよね。自分の感情に素直だったからです。もう一度自分の感情に素直になってください。

もちろん、会社で上司に嫌味を言われていちいち泣いていたら、社会人生活が難しくなります。

ですが、できるだけ自分の気持ちに正直になって、泣くようにしてみてください。恋人から傷つくことを言われたら、我慢せずに泣いてみてください。それも子どものように大泣きしてみてください。それがあなたの素直な気持ちなのです。**涙には浄化作用があります。**

悲しい映画を見て泣くのも良いですが、あなたの気持ちが発端となって泣くほうが、感情を揺さぶり、浄化がより進みます。我慢がクセになっている人がなんと多いことか。まずは一人のときに、自分の感情に向き合って、悲しみが出てきたらどんどん泣いてみましょう。

ルール7：思いきり笑う

思いきり笑ったことも、思い出してみてください。大人になってその場に合わせた愛想笑いはよくしてきたと思いますが、心から笑っていましたか。

「いつもケラケラ笑っているだけで、深く考えていないのかな、私」というクライアントがいました。「何にそんなに笑っているのですか。楽しくて笑っているのですか」と聞くと、「楽しくないかも。私は状況についていけないことが多くて、場を繕って笑っているだけかも」というお返事。心から笑っているわけではないのです。

人は、愛想笑いをしているうちに、本当の笑い方を忘れてしまいます。もちろん、仏頂面よりも笑顔のほうが断然良いですが、心からの笑顔に叶うものはありません。大げさでもいいので、少しでも面白いな、楽しいなと思ったら笑ってみましょう。

通りすがりの外国人の着ているTシャツに変な日本語が書いてあった。看板の文字を、変な意味に読み間違えた。友だちにダジャレが通じた。プッと、吹き出しそうと思ったときに、そのチャンスをつかまえてどんどん笑いましょう。口角を上げるだけで、私たちは自然と楽しい気持ちになってきます。落語を聞いたり、コメディ映画を観たりして笑うのも良いでしょう。

泣いたり笑ったりして**感情を揺らしていって**ください。泣くのも笑うのも浄化に大きな力になると心して、感情を表現していきましょう。

ルール8：よく聞く

8つめのルールは、人の話をよく聞くということです。これは、できない人が多いですね。全く人の話を聞かずに自分の話ばかりする人もいますし、聞いているふりをしている人もいます。

聞く力をつけることは浄化力をつけること。人脈のところでもご説明しましたが、相手の言うことを全力で聞くというのは、案外難しいことです。自分の解釈を挟んだり、結論を急がせたり、早とちりをしてしまったりと、フラットに相手の言うことに耳を傾けていないことが多い。相手の話を早とちりして受けとっていることに気づいていない人が、本当にたくさんいます。

自分が人の話を聞くときに無意識にとっている態度やクセを見直してください。話を聞くときに口ぐせはありませんか？「また同じこと言ってるよね」「言うことはわかるよ。だけど……」など、相手の言うことを遮っていませんか。「気持ちわかる。私もね……」と、自分の話をかぶせていませんか？　適当な相槌を打っていませんか？

きちんと相手の言うことを聞いていると、当然わからないことも出てきます。そのときは、相手の様子を見ながら「さっきの◯◯について、あなたが怒っているのか、がっかりしているのか、あなたの気持ちがよくわからなかったから、聞かせて」と、相手の気持ちを正直に尋ねてみましょう。

よく聞くコツは、丁寧に相手の言いたいことをなぞること。「聞いたら相手に同意しなくてはいけない」と思う必要はありません。聞くことは、すべてを受け入れることではありません。あなたが同意できない考えもあるでしょう。相手の行動に賛成はできないけれど、相手の気持ちは理解できるかもしれません。

十分に聞いたうえで、あなたの考えを伝えれば良いのです。じっくり丁寧に聞かなければ、相手の考えとあなたの考えの相違も掘り出せません。

以上8つのルールを意識してください。この順番と意識づけが、引き寄せを起こすための最低限のルールとなります。

まとめると、素直になってコツコツとやって、言葉にし、態度に表す。書き下ろし浄化ワークは作業として手を動かす、それと思いきり笑って思いきり泣く、ラストはよく聞くということです。この8つを1つずつ意識してみてください。自然と引き寄せが起こってきます。

具体的に考えるほど引き寄せを起こしやすい

ぼんやりと「こうなったらいいな」ではなく、起こしたい事柄（あなたの願望ですね）を、具体的にシミュレーションしてください。できれば、事細かに書くと良いです。

細かく書くというと、道筋を考えすぎる人がいます。お金の巡りが良くなりたいという願望があるとしたら、宝くじが当たる→そのお金でローンを返す→余ったお金で旅行に行く、と道筋を考えてしまうのです。これでは、引き寄せられません。

そもそも何に使いたくてお金が欲しいのか、それを具体的に考えていきましょう。ローンを返したいのが本当の願望だとしたら、そこにフォーカスします。具体的にローンの金額を書き出して返済計画を立てると、やるべきことがはっきり見えて、願望への一歩を踏み出すことができます。

計画が立てられないことについては、願望に至るまでの道筋は宇宙が考えてくれますから、それを信頼して願望をより具体的に思い描きましょう。

書いていくと、自分の見栄の願望なのか、心の底からの願望なのかがわかってきます。書き下ろし浄化ワークが進んでくると、自分の中から溢れる気持ちや願いしか書けなくなります。

自分の中にあるものは、必ず叶います。逆にいうと、必ず叶うような事柄しか願わなくなる。叶うことを思うので、自分に必要な物事の引き寄せが起こります。

波動をクリアーにしてタイミング良く引き寄せる

引き寄せは、何か当たったとか、誰かからもらったとか、目に見えるものが手に入ってくるとわかりやすいですよね。しかしそれだけではありません。自分がクリアーな波動を出すようになると、現実になる前の、**波動の状態での引き寄せ**もあります。

いつもより爽やかに目が覚めた。息を吸い込んだら、空気が美味しいと感じた。色彩に敏感な人なら、目に映る景色がビビッドに感じられるでしょう。

音に敏感な人なら、鈴の音のような心地良い音を、かすかに感じるかもしれません。匂いに敏感な人なら、季節の匂いのほかに、ほのかな香りをかぐかもしれません。

このような引き寄せの前兆は、浄化が進んでいないと気づきにくいものです。ですが、波動の引き寄せが起こっていることを自分でわかるようになると、タイミングを逃さずに行動できますし、何より楽しい。自分の出した思いを宇宙が受け取って、返してくれているのが実感できるのです。

あなたの出す波動がクリアーになっているかどうかは、周囲の反応からもわかります。久しぶりに会った人が、あなたと会えてとても楽しいと思っている。「前より明るくなったね」「印象が変わった」など前と変わったと言われる。相手のためになっていると、あなたが感じられる。また、よく道を聞かれるようになったとか、知らない人に話しかけられるようになったというのも、あなたの出す波動が変わってきたからです。温かな波動が出ているのですね。

これは、波動の引き寄せが起こってきたサインです。ここまできたら、あと一歩。浄化を進めていけば、タイミング良く引き寄せが起こるようになります。

時脈が合う世界は、タイムロスがない

引き寄せを起こして時脈が合ってくると、どういう世界が待っているのでしょうか。それは、タイムロスがない世界になります。

瞬間移動やタイムワープは、三次元の私たちには難しいことですし、タイムロスがないからといって、頭に浮かんだことのすべてがすぐに実現するわけではありません。けれども、ひらめいたことが実現するまでの時間が短くなってきます。

仕事で新しいプロジェクトを企画したとします。すると、下調べをしている間に、不意にそのプロジェクトに必要なスキルを持っている人を紹介されたり、賛同してくれる企業が現れたりするのです。下調べ→企画作成→人材集め＋賛同者集め→実現のステップのはずが、いくつものステップが同時に進む状態になります。これが、時短の世界です。

何度も申し上げますが、時間は有限です。次元が上がっていけば時間の流れも変わ

るでしょうが、私たちは今、三次元にいます。三次元の時間の流れで暮らしていかなくてはなりません。

時脈に乗るということは、宇宙のリズムに乗ってエネルギーを大きく回していくという面と、**時間のリズムに乗って最短の時間で物事が進んでいく**という、タイムワープのような面があります。大きく、速く流れるイメージでしょうか。私たちの持っている時間を最大限に使うためにも、怖がらずに宇宙の流れに飛び込んでいきましょう。

時脈が合わないなと感じたときは

いったん時脈に乗ったとしても「最近、あんまり時脈が合っていない」と感じるときもでてきます。電車の乗り継ぎが悪くなったり、電話を何度もかけ直さなくてはならなかったり。銀行のATMがいつも混んでいたり、余裕をもって家を出たのに約束に間に合わなかったり。時脈が合ってきたサインがわかると、逆に合わないときもわかってきます。

時脈が合わなくなったなと思うときは、**いったん休む**といいでしょう。宇宙にはリズムがあります。あなたの体にもリズムがあります。常に波が高いわけではありません。いつでも調子が良くフルスロットルでは、あなた自身が疲弊してしまいます。時脈が合わないのも、宇宙のリズムのサインです。休む、停止する、様子を見るべきときを教えてくれています。

休んでもリズムが合わない場合、浄化ができているかどうか、振り返ることも必要です。人脈、金脈が整わない行動をとっていませんか。人との関係に対して、つながりたい以上の余計な欲を持っていないか。伝える言葉が、ぞんざいになっていないか。お金ごとを、きちんと計算しているか。それらを振り返って、もう一度脈が通るような行動を起こしてください。

また、休んだり様子を見たりするよりも、動きたいときもあります。そんなときは、早めの行動を心がけましょう。

朝早く起きて、あらかじめ1日の家事を朝のうちに終わらせておく。前の日に、明日の準備をしておく。待ち合わせに、早めに着くように出発する。

早め早めに行動すると、時脈が合いやすくなります。丁寧に行動することも大切です。人とのやりとりに時間をかける。自分の状況をしっかりと説明する。仕事では、伝達に念を入れたり、接客を丁寧にする。コツコツと丁寧を心がけてください。

日本では、着物でも器でも季節を先取りするのが粋とされてきました。早め早めに準備することで、粋と時脈合わせが同時にできます。昔の習慣は、合理的ですね。

霊的な力がある人の時脈合わせ

霊的な力がある人には、時脈が合ってくると頻繁にサインが現れます。出しているエネルギーが強いので、引き寄せる事柄も強くなるのです。そうなると、日常的に引き寄せが起こります。

朝起きたら7：07でゾロ目。昨日ふと買った朝食用のパンが、思いのほか美味しい。電車の乗り継ぎが驚くほどスムーズで、混んでいる電車なのに座れた。1本早い電車に乗ることができて、おまけに次の電車は事故で遅れていて、その電車だったら約束に間に合わなくなるところだった。ランチに入ったお店は空いていてすぐ入れたのに、入って10分くらいで人が並ぶほど混んできた。ばったりと知り合いに会って、すぐに次に会う約束を取りつけた。気になっていたバッグを、友人が突然プレゼントしてくれた。友人と同じメーカーの靴を履いていた……。

普段の生活での引き寄せ、シンクロニシティはいちいち数えていられないほど、頻繁に起こります。

反面、時脈が合わなくなると、反作用と呼びたいくらいに、タイミングが悪くなります。

駐車場の空きを待っていたら、周りはすぐに駐車場に入れるのに、自分の空きがなかなか来ない。ガードレールに車をこすってしまった。電車の乗り継ぎが悪い。電車が止まってしまい、1時間も車内で缶詰になった。電話を取りそこねた。ダブルブッキングをしてしまい、しかもどちらも重要なミーティングだった。恋人が約束をドタキャンしてきた。いつも行くお店が開いていなくて、周りに代わりのお店もなく、コンビニでお弁当を買う羽目になった。コンビニで食べたいお弁当がなく、好みでないお弁当になってしまった……。

こんな感じで、天からの嫌がらせかと思うくらいに、ツイていないことが起こるのです。

時脈が合わないこと自体がメッセージ

霊的な力のある人が、時脈が合わないときは、ハッキリと原因があります。時脈が合わないなと思ったら、いったん休止をおすすめしますが、休止してもなかなか時脈が合わないときは、何か原因があります。それに気づいてほしくて、**天がわざとタイミングをずらしている**かのようです（嫌がらせっぽいですよね）。

まずは人脈、金脈をきちんと整えているか、振り返ってください。特に、せっかちなタイプは、いろいろと落とし穴があります。

人の言うことを丁寧に聞いていますか？　人の気持ちを汲み取っていますか？　自分の気持ちや状況を、相手にわかるように伝えていますか？　自分の霊的な力に頼って、きちんとコミュニケーションを取ることを怠っていませんか？

自分の日々を思い返して、人脈を太くする意識に欠けていたなと感じたら、丁寧にコツコツと人間関係を築き直してください。金脈についても同じです。

お金は純粋なエネルギーであり、数字です。「私はラッキーだから、宝くじが当たる」「たぶん先週買った株が2倍になるはず」「来週は大きな仕事が入る予感がする」など、都合のいい思い込みでお金を考えていませんか？　思い込みは外して、今の自分の経済状態をそのまま数字として見ていきましょう。

不足があれば不足として数字で認識し、不足に対して収入を増やす方法を考えるのか、支出を減らす方法を考えるのか、両方組み合わせるのかを考えてください。手元のお金に感謝しながらきちんと回していくこと、コツコツと良いお金の種を作って、質の高いエネルギーをお金に乗せることを再度心がけてください。


また、あなたが、メッセージが降りてくるタイプでしたら、そのメッセージの意味をよく考えてください。時脈が合わないのは、メッセージを無視しているからかもしれません。また、**メッセージの受け取り方や解釈が間違っている**のかもしれません。「○○に行け」というメッセージの場合、遠くてなかなか行けないこともあるでしょう。そういう場合は、「すぐには難しいので、今年の夏に行きます」など、言葉にしてみましょう。

そうすると、新たなメッセージが降りてくるかもしれませんし、夏に行くならまあいいだろう、と思ってもらえるかもしれません。ちなみに、私自身は、メッセージが降りてきたら、すぐどこでも行くようにしています。ですが、仕事に就いている人が私と同じように今日は沖縄、明日は関東と忙しく移動したら、社会生活に支障をきたすのもわかります。

それから、メッセージがどこから降りてくるのかというのも、気になるポイントです。ときどき、あなたの霊的な力に惹かれて、好ましくない存在が寄ってくることもあります。

ヨガを習って調子が良くなってきたのに、「あのヨガの先生は悪いものだから辞めなさい」など、あなたの直感と違うメッセージが降りてきた場合は、そのメッセージの発信元がまがい物である可能性が高いです。メッセージを実行しているのに時脈が合わないときは、メッセージの内容とあわせて、降りてきたメッセージに慎重になってください。

第4章

神脈

人生の波に乗り、
神様からの応援を受ける

神脈とは何か

神脈とは、神様とのエネルギー循環のこと。神様とエネルギーの交換とはおそれ多い気持ちになるかもしれませんが、難しく考える必要はありません。中には対人の脈を整えるよりも神様との脈を整えるほうが、向いている人もいるでしょう。

なるべく神社仏閣に出向いて、神様とお会いする機会を増やしましょう。神様との交流で大切なのは**利他の気持ち**。

もちろん、神様に自分のご利益をお願いしても良いですが、「あれも欲しい、これも欲しい」と少ないお賽銭で見返りばかりを求めていては、神様にそっぽを向かれてしまいます。お守りを買ったりお賽銭を入れたりと、きちんと神社仏閣に〝お払い〟することが必要です。

お払いはお祓いに通じます。お賽銭やお守り、ご寄進は、神社仏閣を維持するために必要なお金です。神社仏閣が荒れてしまっては、神様は喜びませんし、私たちが神様とお会いできるポイントが少なくなっていきます。

神社仏閣が維持されて神様の居場所があってこそ、私たちと神様が交流できるのです。その交流費と思って、気前よくお賽銭を出しましょう。また、自分のことだけでなく、**周囲の幸せやその土地の平安を祈ること**も、大切です。

神脈が整うと、神様、仏様のエネルギーが、私たちを守ってくれるようになります。個人的に守ってもらえることもありますし、大きく地域を守護してくださることもあります。

ステージが上がると、利他の気持ちが生まれる

人脈、金脈が通じ、時脈が整ってくると、不思議なことに自然と利他の気持ちが生まれます。人と向き合い、関係を築くことができて、お金が無理なく回っている実感が出てくると、ある程度自分の欲が満たされた状態になります。

もちろん、見識を増やしていこう、自分を高めてステージを上げていこうという気持ちに限度はないですが、その向上心を、どう行動すれば良いかもわかってきます。何をすれば良いかわかれば、行動するだけですから、形になりやすいのです。

自分の欲を見極めて必要な欲を満たす方法がわかってくると、今度は人のために何かアクションを起こしたいという気持ちが湧き上がってきます。

まずは身近な人のために、何かしたくなるでしょう。親との関係を見つめ直していくと、親や兄弟など家族への感謝の気持ちが出てくるかもしれません。何かをプレゼントしたり、家族のサポートをしたくなったりするかもしれません。当たり前と思っていた妻や夫の日常の作業が、ありがたいことだと気づくかもしれません。家族のために時間やお金を使いたいと思うようになります。

身近な人との関係が良くなって、あなたが感謝の気持ちや行動を起こしていくと、周りからも良い反応が戻ってきます。あなたの気持ちや行動を相手が受け取り、相手から感謝の言葉が返ってくる。身近なところから、良いサイクルを作ることができます。

そうして自分と周りが良いサイクルを作っていくと、もっと大きな輪にいる人たちのことを思いやる気持ちが出てきます。

例えば、あなたの所属する組織の人たちに思いを馳せるようになるでしょう。組織がうまく回ってみんなに良い結果がもたらされるようにと願うようになります。自分にお金が回ってくるサイクルだけでなく、大きく周囲にお金が循環するように願ったり、行動できるようになるのです。

お金の循環だけではありません。人との関係においても、自分が良く見られたいという欲がなくなってくると、本当に相手のためになることを考えて行動するようになります。相手が悩んでいるときに、寄り添って聞いているのが良いのか、一緒に悩みを解決したほうが良いのか、わかるようになります。

組織の中でも、自分がどのように動けば組織全体がうまくいくのかを考えられるようになります。利他の気持ちが出てくると、あなたの行動がどんどん変わっていきます。行動が変わるにつれ、家族や友人から頼られたり、組織での評価が上がったりしますす。あなたの**軸ができて、頼れる人物になってきたサイン**です。

自分に向けての欲は、限度がある

私は、自分だけの欲は限りがあると思っています。人の欲望に限度はありませんが、浄化が進むと、身の丈の欲がわかってきます。

人にとってお金は、どのくらい必要でしょうか。清貧をすすめているわけではありませんし、私自身は、お金遣いが荒いほうです。けれども、食べたり着飾ったりすることに使うお金は限度があります。体は1つしかありません。いくら靴が好きでも、某大統領夫人のように3000足の靴は、置く場所もないし、履ききれないでしょう。自分で使える量や自分の好きな傾向がわかってくると、欲しい物についての限度がわかります。

そして、人脈・金脈が整い、時脈が合ってきて、物事が早いサイクルで進むようになると、自分に向けての欲はわりと叶ってしまいます。

ただ、自分の欲が叶い、新たな欲があまりないからといって、人は動くのを止められない生き物です。ある程度成功して自分の欲が見つからなくなると、**他人の幸せを自分の欲に含める**ようになります。

経営者でしたら、自分の会社を大きくしたい気持ちは、最初は自分の欲だったと思います。けれども、次第に従業員に喜んでもらいたい、顧客に喜んでもらいたい、そのためには、会社が大きくなればみんなにメリットが出てくる、と考え方が変わっていくのです。使いきれないお金を、人道支援の寄付などに回す人もいます。

欲はガソリン。自分の欲が叶ってガソリンが切れてしまうと、生きている意味がわからなくなります。利他の気持ちでほかの人の幸せを自分の欲にすることで、新たなガソリンが入り、人生をより豊かにすることができるのです。

神様との脈がつながる

利他の気持ちを持ち、頼れる人物になると、なんとも不思議ですが、神様からお声がかかるようになります。私はスピリチュアルな力があることもあり、神様の指示がガンときますが、普通はいろいろな形で指示がなされます。

まず、直接的なメッセージを聞くことがあります。神様からの指示は簡潔です。「○○へ行け」「○○をして」と、ズバッとしたメッセージがきます。メッセージというハッキリした形でなくても、雑誌で伊勢神宮の記事を読んだその日に、友人に伊勢の旅行に誘われるというような、シンクロニシティで指示が現れる場合もあります。

ふと、祖父母のことを思い出しお墓参りに行こうと思ったり、両親の住む田舎へ行って、墓参りでもしようかなと思ったりします。それが神様からのお声がけと感じたら、なるべく早く行動するようにしましょう。行くべきところへ行くと、神様との出会いが待っています。

お声がけがあるということは、神様は、**あなたがその場所に行く**というエネルギーを欲しているということです。神様のお声がけを大切にして行動を起こすと、神様は必ずギフトをくれます。

それは旅行中、いつも天気が良いという過ごしやすい状況かもしれません。ホテルが勝手にアップグレードしていたというような、居心地の良さかもしれません。

神様とエネルギーの循環が加速していくと、さらにギフトがもたらされます。お金の巡りが良くなるという、金銭的なこともあるでしょう。人間関係での悩みが解決するかもしれません。神様からのギフトに感謝の念を持つと、さらに神脈が太くなっていきます。

神様との脈が通じ、天とのエネルギー循環が起こると、神様からの指示だけではなく、**自分の天命が勝手に降ってきます。**突然お役目が天から降ってくる場合もあります。何かのミッションに出合って、これが自分のやるべきことだとわかる場合もあります。

天命に沿っていると、今までの我欲は何だったのだろうと思うくらい、多幸感を味わうことになります。天命は待ったなしですし、神様はせっかち。早く行動しなくてはと焦る気持ちも出てきますし、対応しきれず不甲斐ない気持ちになるときもあるでしょう。けれども、天命に従っていると、恋愛でも仕事の成功でも味わえなかった、自分の魂と共鳴して生きているという、心からの幸せがやってきます。

何度も申し上げていますが、私はみなさんに、ぜひこの、天命を知り、天命に沿って生きるというステージを体感していただきたい。それをガイダンスすることが、私の天命です。

神様からのメッセージに従い、粋なギフトを授かる

神様や仏様の近くに行くようになると、宇宙のルールと違って、お作法があることに気づきます。お作法については後述しますので、参考にしてください。

神様が身近になってくると、日本の神様は粋なはからいをしてくれます。鳥居をくぐったら爽やかな風が吹いてきたり、葉っぱや花びらがふわーっと舞ってきたり、虹が出たりと、「あなたが来たことに気づいているよ」というサインをくれます。

私は神様に呼ばれると、1日に何カ所も神社仏閣を回ります。行く順番は、当日の天候や道路の混み具合によって決めます。つまり、行き当たりバッタリ。けれど、前もって計画していないのに、神事に出合うことが多いのです。

あるときは、大阪市内を7カ所巡り、8カ所目に着いたら、ちょうど神輿渡御、つまり神幸祭が行われていました。白い法被を着た男衆がテキパキと神輿を用意する様を見学し、お神輿の中に御魂（みたま）を納める場面も、しっかりと見てきました。

２０２２年は、諏訪大社に行くと、御柱祭のために柱を抜いて休める「御柱休め」に行き当たりました。柱をちょうど抜いているところでした。

こんなふうに神事を見せてくれることも多いのです。グループで神社仏閣を回っても、神事をちょうどよく見ることができます。「よう来てくれた」と言われているようで、神様の粋なギフトを嬉しく感じます。

私は、「〇〇へ行け」という神様からの指示も受け取りますが、そのときどきの世界の動きについてのメッセージを受けとることもあります。受け取ったメッセージは、メルマガなどでシェアしています。

個人的なメッセージを受けとることもあります。あるとき、「変身」というテーマが降りてきました。自分の中で見ないふりをしていたことや不安に思うことを変えていく、というメッセージです。変えていくと、流れに乗れるというメッセージでした。

私はこのテーマを実践して、苦手なことに手をつけたり、宿題を片づけたりしながら、この時期を過ごしました。受け取ったメッセージを意識しながら過ごすと、苦手と思っていたことを実行しても苦ではなかったり、書類を整理すると期限ギリギリの書類が出てきて、見落としていたら大変なことになっていたのを防げたりと、気づきやちょっとしたご褒美がありました。

メルマガの読者からも、変身を意識して苦手な運転に挑戦してみた、今まで年上ばかりを恋の対象にしていたのが、年下の彼氏ができたなど新しい経験を楽しんでいるという嬉しい報告がありました。メッセージを受け取ったら、そのメッセージをなるべく意識して過ごすようにしてください。きっとご褒美があります。

神様とエネルギーの循環が起こると、引き寄せが加速する

神様とのご縁ができると、引き寄せ力が増していきます。人脈、金脈は、あなたの出したエネルギーに応じてエネルギーの循環が起こります。

神様とのエネルギー循環は、相手が神様ですから、エネルギーのやりとりがもっと大きくなります。戻ってくるエネルギーがとても強いのです。強いエネルギーが循環すると、どうなるでしょうか。あなたにとってラッキーなことが、わかりやすく起こります。また、強い願いを持って登拝や個人祈願を行ったり、あなたの目的に合った神社仏閣へお参りすると、人生で行うべきことを、スピードアップしてこなすことが

できます。人生に加速がつくというイメージでしょうか。

浄化が進んで神様の応援が得られると、目詰まりがなくなってドーッと流れる水のように、あなたの人生が進んでいきます。急にいろいろなことが多発的に起きて、びっくりするかもしれません。

でもそれは、いつかあなたが体験することが、早回しで起こっているだけ。慌てず焦らず、起こることに対応しましょう。

「やり残したこと」に対しても、神様は容赦がありません。片づけなくてはならない事がらも、見える化して押し寄せてきます。個人祈願をしたら、やるべきことが増えて忙しくなった。未消化の宿題をやるのは楽しくないし、自分の人生が好転しているかどうかわからない。こんな気持ちになるでしょう。

けれども、よく考えてください。片づけようと思う事がらが、なんと多いことか。宿題を墓場まで持っていくわけにはいきません。いつかは、片づけなくてはならないのです。先延ばしにすることで、あなたの人生の時間が無駄になってしまいます。せっかく神様が見える化してくれたのですから、淡々とやるべきことを終わらせましょう。

未消化の宿題は、あなたの人生の目詰まりのようなものです。目詰まりを解消するチャンスを神様がくれたことに、感謝をしましょう。

神様の望むこと

神様は、私たちに何を望んでいるのでしょうか。10年ほど神様からのメッセージを受け取ってきて、神様の望みにいくつかの方向があると、私は思っています。

まずは、神様自身に、ストレスを何とかしたいという考えがあります。神様も、三次元に生きている私たちと同じように、ストレスが溜まるのです。驚きますよね。神様のストレスは、不満というよりは、退屈、面白味に欠ける、なんか飽きたというストレスです。

神様には、それぞれのお仕事があります。人と人との縁を結ぶのがお仕事の神様がいれば、土地を鎮めるのがお仕事の神様もいます。私はよく、神様から天候調整をするようにという指示がきます。お天気は、私たちが生きていくうえにおいて、大切なもの。雨の日も晴れの日も、寒い日も暖かい日も私たちの生活に必要なものです。そこで、私は指示がきた場所へ出向いて、天候の調整を行います。天候は、うまく調整されていないと土砂災害や洪水、干ばつなどの災害が起こります。

神様の指示を実行して災害を未然に防いだり、軽減したりすると、神様たちの「飽きた」気持ちが払拭されて、また使命感を持って動いてくれるのです。たしかに、365日同じことをしていたら、私たちも飽きますよね。私たちが神様の指示を行うことで、**神様にフレッシュなエネルギーをお渡しする**ことができるのです。

ストレスだけではありません。神様も神様同士、いろいろとあります。神様と神様のトラブルを仲介したり、神様と土地の気が合わず、土地のエネルギーを調整したりと、ご要望は多岐に渡ります。

そして神様も、ロマンスを求めていることがわかりました。ロマンスといっても、私たちのようにハラハラドキドキの恋愛感覚ではありません。神様のロマンスは、エネルギー交換ですね。フレッシュなエネルギーを取り入れたいようです。

天候調整でいえば、最初の頃は、もっと小さなご要望でした。神社に行って、なんらかの理由でエネルギーに閉じ込められてしまった神様を、エネルギーワークで動けるようにする、といった感じです。

ひとつずつコツコツと神様の指示に従って動いていたら、だんだんご要望の規模が大きくなってきました。今は、天候調整や、地のエネルギーの調整のご要望がくることが多いです。神様のご要望の規模が大きくなるにつれて、もたらされるギフトも大きくなり、私のステージがどんどん上がっていると感じます。

ファーストアクションは、神社仏閣へ行こう

神様に呼ばれている気がする、神様とご縁が欲しいという場合、まずは神社仏閣へ行きましょう。ぼんやりと神社仏閣に行くよりも、神様とご縁を結ぶぞ、と気持ちを込めて行くほうが、神様とつながりやすくなります。

神様に対しては、フットワークを軽くしてください。「あそこの神社がいいよ」と聞いてピンときたら、数日内にその神社に行ってみるようにしましょう。できれば、

今日明日という感じで即行くほうが神様は喜びます。

行く前に、その神社について下調べをしてください。文献を読み込む必要はありませんが、ご祭神を調べて、その神様がどんな神様かの予習はしたほうが良いでしょう。相手の名前と由来がわかれば、あなたも気持ちを重ねやすくなります。


心構えとしては、その神様のファンのような気持ち。「○○の神様、お目にかかれて嬉しいです」という感じですね。

好きなアーティストのライブに行くような感覚で、ワクワクしながらお参りしましょう。仏頂面より、笑顔で喜びを表現してください。一人で行くのもいいですが、人を連れて行くと、神様に喜ばれます。また、行ったあとに行ったことをSNSなどでシェアするのも良いでしょう。

お参りの仕方：神社

神様へのお参りは、叶えたい願いがはっきりしているほうが、ご利益が得られます。願いがはっきりとしていると、神様たちは「これがこの人の願い事なんだ」とわかり、それを叶えるのが自分の仕事だと認識してくれるからです。

神社では、左記の順番でお願いをしましょう。

・神様の前に行く（本殿）
・二礼二拍手（場所によっては回数が異なります）
・願い事を開始
［氏名／生年月日（干支でも可）／住所（現在の住まい）／祈願内容を伝える］
・祈願が終わったら一礼

必ず、お賽銭を入れてください。鈴は鳴らしても鳴らさなくてもかまいません。鈴は、来ましたよ、という神様への合図です。お作法通りにお願いすれば、あなたが神様の前に来たことが伝わります。邪気などを自分に寄せないように、ガードするために鈴を鳴らしても良いでしょう。

お参りの仕方：仏閣

お寺は、人の死にともなってこの世とあの世の境目の橋渡しする場所。ご先祖様、仏様に感謝を捧げる気持ちでお参りしましょう。

お寺のお参りは、次の順番で行ってください。

・ロウソクに火を灯す
・お線香を灯す
・手を合わせて合掌をする
・「名前、住所、数え年（実年齢＋１）、先祖代々の皆様に感謝します」と伝える
・願いごとを唱える

本殿に入ると、ロウソクやお線香を灯している棚などがあるはずです。ロウソクは、大きなお寺であれば販売しています。持参しても良いでしょう。

まず、ロウソクに火を灯します。必ず自分で灯します。誰かのロウソクからのもらい火は、できるだけ避けます。

次に、そのロウソクの火でお線香を灯します。お寺では、手間をかけることが大事です。ロウソクとお線香に火を灯したら、本殿で「名前、住所、数え年（実年齢＋1）、先祖代々の皆様に感謝します」と申し上げてから、願い事を唱えます。

お寺は、通うと加護が得られます。手間をかけると、その分の加護があるのです。

祖先という自分の肉体のルーツに向き合い、体を与えてくれたご先祖様に感謝することで、仏様たちは喜び、知恵を与えてくれます。

お寺は悲しみを浄化してくれる

仏閣に行く場合、ワイワイというよりは、お寺の雰囲気に合わせてお参りしてください。仏教では、私たち一人ひとりの中に仏様がいると考えています。

お寺というのは、私たち一人ひとりの悲しみであったり、人の死を納めたりする場所ですから、少し空気が重めに感じられることがあります。重めなのが、いいとか悪いという話ではありません。

人には必ず悲しみというものがあります。あの人は強いと思われていても、悲しいと思う瞬間があり、切ないと思う気持ちがあります。悲しみが表に出ているか出ていないかの違いで、人には悲しみがあるのです。悲しみを浄化して納めてくれる場所が、お寺です。また、**ご先祖様とつながっている場所**でもあります。

私たちは、傷つけ合って生きています。悲しみがない人がいないように、人を傷つけたことがない人もいません。そういう悲しみや傷ついた気持ち、傷つけた自責の念などを、お寺はきれいに洗い流してくれます。行き違いなどから生まれる人にまつわる災難、そういうものも外したり、浄化したり、除霊してくれます。

仏様の前では、悲しい、苦しい自分を正直に認めることが大切です。悲しさ、苦しさ、自責の念を感じ切ってください。そうすると、自分が体をもらったことの意味、苦しさもあるけれど、人との関係を結ばなくては今の自分はないということに気づきます。そう気づいていくと、仏様から愛される人になっていきます。

お寺の線香の香りが落ち着く、写経をしたら良かった、仏像を見ていると時間を忘れるという人は、仏様とご縁があります。お寺で自分をしっかりと振り返りましょう。自分のことがわかればわかるほど、仏様やご先祖様からの応援があります。

お守りについて

神社仏閣へ行くと、たくさんのお守りがあって迷うこともあるでしょう。せっかくですから、自分を上げてくれるお守りを手に入れて、効果的に使ってください。

選び方についてですが、まずは、限定アイテムのお守りがあったら、ぜひ手に入れましょう。その神社仏閣でないと買えないお守りや、季節（期間）限定のお守りですね。そのタイミングで巡り合えたお守りやグッズは、開運アイテムとなります。

金運を高めたいなら小判形のグッズ、そのほか、恋愛運を高めるお守り、健康運を高めるお守りなど、希望に合ったお守りを手に入れましょう。鈴など、音の出るアイテムもおすすめです。色がピンときたアイテムも良いでしょう。

金運守りは、大きさにもよりますが、お財布の中に入れます。お札は、壁に貼ったり神棚に飾ったりしましょう。買うときに、お守りの使い方を神職さんに聞いてみると良いでしょう。特殊な使い方の場合は説明をしてくれますし、一般的なお守りやグッズでも、使い方、飾り方を教えてくれます。

1.この1週間で嫌だったこと

2.この1カ月の間で嫌だったこと

3.自分の嫌いなところ

おわりに

エネルギーを回して大きな流れを作る

最後までお読みくださって、ありがとうございます。書き下ろし浄化ワークを行って脈の整え方がわかったみなさんは、すでにエネルギーが大きく流れる状態になっているのではないでしょうか。

心の垢を出し切ることは、辛い作業です。また、人脈や金脈が整う過程で、人との別れがあったり、居場所が変わって一時的に辛い思いをしたりした人もいることでしょう。けれども、脈が整っていけばいくほど、お金の巡りが良くなったり、人との良いご縁ができたりすることを実感するようになります。

浄化の進み具合によりますが、徐々に良くなるというより、あるとき一気にお金の巡りが良くなったり、どんどん人との出会いがあったりと、脈が整うと、どーっとエネルギーの流れが良くなります。

それと同時に、悩みも少なくなります。そもそも、困ったことがあっても悩まなくなります。「すべきこと」が瞬時にわかってきますから、行動あるのみ。悩まずに行動することで、さらに次のアクションを起こすことができます。大きな流れができてくるのです。

「大きな流れを作るなんて、自分には無理」と思ったあなたは、もう一度、第1部・第2章に戻って、書き下ろし浄化ワークを行ってください。浄化は、すべての人に大きなムーブメントを作り、人を動かす力があります。流れを作って人を動かす感覚に、慣れていってください。その先に、利他の気持ちが生まれ、天命が待っているのです。

書き下ろし浄化ワークを行えば行うほど実りとなって返ってくる

ですが、そのためには、「書き下ろし浄化ワーク」をしっかりと行う必要があります。私はスクールの生徒さんに、毎日の浄化ワークを課題として出しています。1回書いて終わり、ではありません。書けば書くほど、新しい気づきがあり、思ってもみなかった自分との出会いがあります。

ほかの私の本でも浄化ワークを紹介したところ、読者の方々から、なかなか一人だと難しいという声がありました。そのため、浄化ワークをサポートする浄化マイスター制度を作りました。書き始めるのにためらいがある人や、一人で書き下ろして煮詰まった人には、浄化マイスターをご紹介いたしますので、くじけずにぜひ浄化ワークを続けていってください。また、月に1回、浄化について語るオンラインサロンも開催しています。興味のある方は、ぜひチェックしてみてください。

最後に、この場を借りて、本書を作るにあたってご協力いただいた方々へ、感謝を申し上げます。

企画の最初から携わって、足かけ3年間辛抱強くお付き合いくださった福元美月さん。福元さんの粘り強さに、いつも救われました。いつまでもできない原稿をじっと待ってくださったヒカルランドの石井健資さん、編集を担当してくださったギブソン悦子さん、感謝しております。ようやく出版の運びとなり、ホッとしています。話を聞いてまとめてくれた富澤文さん。常に支えてくれる美女神学校とSASYのメンバー。いつもありがとうございます。

そして、本書をお読みくださったみなさんに、最大の感謝を申し上げます。ぜひ天命に沿った生き方になるよう、エネルギーを送ります。

天運コンサルタント・つだあゆこ

つだあゆこ
天運コンサルタント
株式会社天織姫　代表取締役
一般社団法人日本開運道開き士普及協会　代表理事

全国約4800カ所のパワースポット、神社仏閣を訪ね歩き、研磨された予知・透視の能力で神事を行い、宇宙からの見えない力と、神様からのご加護についてお伝えしている。

鑑定や講座によって救われた人は、４万人以上にのぼる。
人生に悩む人だけでなく、ビジネス相談にも広く対応しており、神社を活用したビジネスコンサルティングは大変好評。口コミがあとを絶たず、依頼は１年待ちの状況である。
また、現在は自らが鑑定や講座をするだけではなく、育成事業にも力を注いでいる。

2022年より、十分な管理がなされていない神社仏閣を再生するべく活動中。廃寺や朽ちた神社から自力で移動できなくなった霊魂のエネルギーを移動させることで、人の流れが戻り、参拝者が訪れるような神社再生活動を展開している。著書に『浄化でめぐりをよくするお金のコトダマ』（フォレスト出版）。

オンラインサロン「浄化倶楽部」
https://l.amaorihime.jp/jyouka-club

神脈と天命につながる浄化のコトダマ

第一刷　2023年4月30日

著者　つだあゆこ

発行人　石井健資

発行所　株式会社ヒカルランド
〒162-0821 東京都新宿区津久戸町3-11 TH1ビル6F
電話 03-6265-0852　ファックス 03-6265-0853
http://www.hikaruland.co.jp　info@hikaruland.co.jp

振替　00180-8-496587

本文・カバー・製本　中央精版印刷株式会社

DTP　株式会社キャップス

編集担当　ギブソン悦子

ISBN978-4-86742-254-0

自然の中にいるような心地よさと開放感が
あなたにキセキを起こします

神楽坂ヒカルランドみらくるの1階は、自然の生命活性エネルギーと肉体との交流を目的に創られた、奇跡の杉の空間です。私たちの生活の周りには多くの木材が使われていますが、そのどれもが高温乾燥・薬剤塗布により微生物がいなくなった、本来もっているはずの薬効を封じられているものばかりです。神楽坂ヒカルランドみらくるの床、壁などの内装に使用しているのは、すべて45℃のほどよい環境でやさしくじっくり乾燥させた日本の杉材。しかもこの乾燥室さえも木材で作られた特別なものです。水分だけがなくなった杉材の中では、微生物や酵素が生きています。さらに、室内の冷暖房には従来のエアコンとはまったく異なるコンセプトで作られた特製の光冷暖房機を採用しています。この光冷暖は部屋全体に施された漆喰との共鳴反応によって、自然そのもののような心地よさを再現。森林浴をしているような開放感に包まれます。

みらくるな変化を起こす施術やイベントが
自由なあなたへと解放します

ヒカルランドで出版された著者の先生方やご縁のあった先生方のセッションが受けられる、お話が聞けるイベントを不定期開催しています。カラダとココロ、そして魂と向き合い、解放される、かけがえのない時間です。詳細はホームページ、またはメールマガジン、SNSなどでお知らせします。

神楽坂ヒカルランド
《みらくる
Shopping & Healing》
大好評営業中!!

宇宙の愛をカタチにする出版社　ヒカルランドがプロデュースしたヒーリングサロン、神楽坂ヒカルランドみらくるは、宇宙の愛と癒しをカタチにしていくヒーリング☆エンターテインメントの殿堂を目指しています。カラダやココロ、魂が喜ぶ波動ヒーリングの逸品機器が、あなたの毎日をハピハピに！　AWG、音響チェアなどの他、期間限定でスペシャルなセッションも開催しています。まさに世界にここだけ、宇宙にここだけの場所。ソマチッドも観察でき、カラダの中の宇宙を体感できます！　専門のスタッフがあなたの好奇心に応え、ぴったりのセラピーをご案内します。セラピーをご希望の方は、ホームページからのご予約のほか、メールでinfo@hikarulandmarket.com、またはお電話で03-5579-8948へ、ご希望の施術内容、日時、お名前、お電話番号をお知らせくださいませ。あなたにキセキが起こる場所☆神楽坂ヒカルランドみらくるで、みなさまをお待ちしております！

2023年3月31日

イッテル本屋
グランドオープン！

みらくる出帆社
ヒカルランドの

イッテル本屋がヒカルランドパークにお引越し！

神楽坂ヒカルランドみらくる 3F にて

皆さまにご愛顧いただいておりました「イッテル本屋」。

2023 年 3 月 31 日より

ヒカルランドパーク 7F にてグランドオープンしました！

さらなる充実したラインナップにて

皆さまのお越しをお待ちしています！

〒162-0821　東京都新宿区津久戸町 3-11 飯田橋 TH1 ビル 7F　イッテル本屋

ヒカルランド　好評既刊！

地上の星☆ヒカルランド　銀河より届く愛と叡智の宅配便

この世界の悲しみとの向き合い方
著者：曽我朋代
四六ソフト　本体1,750円+税

ミリオネア・バイブレーション
著者：桑名正典
四六ハード　本体2,000円+税

ハッピーチェンジの法則
著者：田井善登
四六ソフト　本体1,800円+税

わが家に宇宙人がやってきた!!
著者：胡桃のお
インタビュー：小笠原英晃
四六ソフト　本体1,750円+税